영원히 행복해지려면
낚시를 배워라

영원히 행복해지려면 낚시를 배워라

펴 낸 날 2025년 05월 10일

지 은 이 박근선
펴 낸 이 이기성
기획편집 김정훈, 이지희, 서해주
표지디자인 김정훈
책임마케팅 강보현, 이수영
펴 낸 곳 도서출판 생각나눔
출판등록 제 2018-000288호
주   소 경기도 고양시 덕양구 청초로 66, 덕은리버워크 B동 1708호, 1709호
전   화 02-325-5100
팩   스 02-325-5101
홈페이지 www.생각나눔.kr
이 메 일 bookmain@think-book.com

· 책값은 표지 뒷면에 표기되어 있습니다.
ISBN   979-11-7048-877-4(03810)

Copyright ⓒ 2025 by 박근선 All rights reserved.
· 이 책은 저작권법에 따라 보호받는 저작물이므로 무단전재와 복제를 금지합니다.
· 잘못된 책은 구입하신 곳에서 바꾸어 드립니다.

영원히 행복해지려면
낚시를 배워라

박근선 지음

기다림의 낚시를 하면서
인생과 행복을 함께 낚아라

생각나눔

| 일러두기 |

이 책에서는 낚시 은어를 사용하였으며, 저자의 의도를 반영하여 표준 맞춤법과는 일부 차이가 있을 수 있습니다.

목차

1부 낚시 예찬

낚시 예찬	16
낚시꾼과 '뻥'	21
운칠기삼(運七氣三)	23
넓고 넓은 바다에서	24
낚시를 좋아하는 이유	30
손맛과 데이트	32
낚시 단상 I	33
병장과 대대장	39
낚시와 골프	41
에피소드 I	45
대물(大物) 낚시	47
번개 출조	48
해품장	53
기묘한 낚시꾼	55
미스터리	56
일찍 낚시를 배웠더라면	61
출조일지(出釣日誌)	63
6천 원의 행복	67
물고기 이름 '치'와 '어'	68
낚시광 남편과 바람난 마누라	71
즐낚	72
조율(釣率)	77

2부 행복하게 하는 것들

낚시배낭 어디 갔지?	82
기록 고기	89
낚시꾼 부인 B	91
전투낚시	92
눈썰미	97
행복하게 하는 것들	99
중독	103
낚시 예절과 매너	104
낚시와 Sex의 공통점	109
안경 찾기	111
인증 사진	116
낚시와 컨디션	117
생활낚시	122
나 홀로 출조	124
안낚	125
낚시 장비 방출	130
어복(魚福)	132
나눔	134
경찰과 낚시꾼	137
도보(徒步) 낚시	138
취미	140
고기잡이	144

3부 낚시 가는 날

낚시에 빠지면	148
바늘털이	155
낚시꾼 D	157
아바사	159
오르가슴	164
낚시꾼과 소주	166
낚시하려면	167
워킹 농어 루어낚시	172
낚시 단상 II	173
대물(大物)	179
양반과 낚시꾼	181
출조(出釣) 비용	182
에피소드 II	185
낚시 여행	187
출조 계획과 마무리	188
낚시는	194
특급 낚시터	196
낚시꾼과 입질	201
생미끼와 인조 미끼	202
놓친 물고기는 모두 크다	206
낚시 가는 날	208
일상 탈출과 낚시	213

4부 영원히 행복해지려면 낚시를 배워라

눈맛, 손맛, 입맛	218
원조(元祖) 낚시인	227
버킷리스트	229
끝마무리	231
낚시 도구와 강간 도구	236
피딩 타임	238
낚시 입문기	239
대박 낚시	244
낚시를 배우지 않았다면	246
내 인생의 낚시	247
낚시광 II	251
SNS	253
이상한 낚시	254
조과(釣果)를 올리는 방법	259
낚시와 라면	261
낚시꾼들의 허풍	265
숏타임 낚시	266
은퇴한 후	271
입질이 없네요?	273
낚시꾼과 공짜 물고기	277
구조오작위(九釣五作慰)	278
운경월조(雲耕月釣)	284

프롤로그

바닷가에서 태어나고 자라 어린 시절 코흘리개 동무들과 고향 앞 쌍도(雙島)에서 대나무 낚싯대로 망둑어 낚시를 했었다. 성년이 된 후 직장생활을 하느라 한동안 낚시를 잊고 살다가 한·일 월드컵이 열리던 2002년. 가을 30여 년 만에 고향 앞바다에서 망둑어 낚시를 하게 되었다.

이듬해 숭어 낚시를 배우고, 주 5일 근무제를 시행하던 2004년. 낚싯대와 릴, 뜰채 등 낚시 장비를 갖추고 감성돔과 우럭, 학꽁치 등 찌낚시를 하다가 2012년 직장에서 퇴직한 후 요즘 즐겨 다니고 있는 워킹 농어 루어낚시와 감성돔 원투낚시를 하기 시작했다.

"사람은 빵만 먹고 살 수 없다."라는 말이 있다. 사람은 살아가면서 무언가 자신을 몰입할 수 있는 좋아하는 취미가 있어야 한다. 골프나 당구를 치거나 등산이나 캠핑을 하든 아니면 독서를 하고 그림을 그리고 서예를 하고, 여행을 다니고 사진을 찍고 바둑을 두고 낚시를 하고 또 기타를 치고 색소폰을 불고 그 무엇이든 자신을 몰입할 수 있는 좋아하는 취미를 한두 가지 이상 가져야 한다.

　그리고 사람은 가끔 홀로 있는 시간이 필요하다. 정신없이 분주하게 돌아가는 일상에서 답답하거나 외롭고 쓸쓸할 때, 탁 트인 바다에 나가 바닷바람을 쐬면서 스트레스도 풀고 한적한 갯바위에서 낚싯대를 드리우고 기다림의 낚시를 하면서 "나는 누구인가? 인간은 왜 사는가? 어떻게 살아야 하는가?" 지나온 자신의 삶을 되돌아보며 앞으로 어떻게 살 것인지 생각해보는 시간을 가져야 한다.

　우리 나이 쉰 살, 하늘의 뜻을 안다는 지천명(知天命)의 나이에 낚시를 배웠다. 늦게 배운 도둑이 날 새는 줄 모른다고, 지천명의 나이에 낚시를 시작했지만 그야말로 미친 듯이 낚시에 몰입했었다. 지난 20여 년 동안 낚시에 빠져서 낚싯대와 릴, 뜰채, 구명조끼 등 수많은 낚시 도구를 사고, 1,200여 회 출조하느라 비용도 많이 나가고 시간도 많이 들었지만 언제나 가슴 설레고 행복했었다.

　유수(流水)와 같은 세월이라고 하더니 정말 세월이 빨리 가는 것 같다. 신선놀음에 도낏자루 썩는 줄 모른다고, 낚시에 빠져서 미친 듯이 낚시에 몰입하다 보니 20년 세월이 훌쩍 지나가 버렸다. 어느덧 내 나이 칠십, 가슴 설레는 낚시를 몇 년이나 다닐 수 있을지 알 수 없지만 건강이 허락하고 다리 힘이 있을 때까지 계속하고 싶다. (욕심으로는 팔십 중반까지 낚시하고 싶다.)

돌이켜보면 인생 칠십까지 살아오면서 남들처럼 성공하지도 못하고, 돈도 많이 모으지 못했지만 지나온 삶에 후회는 없다. 한 가지 아쉬움이 있다면 40년 전, 한창 동양화 공부에 몰입했었던 삼십 대 중반쯤 낚시를 알았더라면, 아니 사십 대, 10년만 일찍 낚시를 배웠더라면, 아마 내 삶은 지금보다 여유롭고, 더 풍요로워졌을 것이다.

미국의 심리학자이자 유명한 낚시광인 폴 퀸네트는 "인생의 어느 순간에는 반드시 낚시해야 할 때가 온다."라고 했다. 그리고 중국 속담에 "영원히 행복해지려면 낚시를 배우라"고 했다. 앞으로 80~90년을 살아가야 할 아들과 젊은 사람들에게 영원히 행복해지고 싶다면 낚시를 해보라고 추천해 주고 싶다. 기다림의 낚시를 하면서 인생과 행복을 함께 낚으라고

말해주고 싶다.

지난 20여 년 동안 낚시하면서 기록했던 출조일지(出釣日誌)와 조행기(釣行記), 낚시 단상과 에피소드, 여기에 유명 인사들의 낚시 관련 글과 명언, 낚시꾼들의 재미있는 이야기와 유머, 낚시 격언과 속담 등을 묶어서 어섯번째 책을 출간했다. 30년 넘게 돈만 만지던 사람이 쓴 글이라 서툴고 부족한 점이 많다.

2025년 5월 꽃피는 봄날에

박 근 선

1부
낚시
예찬

낚시 예찬

낚시는 인생이다. 낚시는 삶이고 생활이며 꿈이고 희망이다. 낚시의 기다림은 설렘과 행복이고, 만남을 위한 유혹이며 기쁨이다. 낚시는 가슴 떨리는 음악과 아름다운 율동이 있는 예술이며 낚시는 수심(水深)을 맞추고, 날씨와 물때, 바람과 파도와 수온과 조류(潮流)에 밑밥과 미끼와 채비를 동조(同調)시키는 수학이며 과학이다.

낚시는 정적(靜的)이면서 동적(動的)이고, 낚시는 여럿이 할 수도 있고, 혼자서도 즐길 수 있는 스포츠다. 낚시는 스포츠이되 승부를 가리지 않고 낚시인 모두가 승자가 되는 레포츠이다. 낚시는 추억이고 미래이며, 낚시는 자연과 철학, 비움과 채움이 있고, 멋과 여유와 낭만이 있는 취미이자 아름다운 중독이다. 또한, 낚시는 오락이나 행락(行樂)이 아닌 소풍이고 여행이며, 끝없는 도전이고 탐험이다.

낚시는 물고기를 낚는 단순한 행위만이 아니다. 낚시는 출조(出釣) 이전부터 이루어진다. 낚시가기 전, 설레는 마음으로 출조지(出釣地)와 대상어(對象魚), 낚시채비와 낚시 시간 등 출조 계획을 세우고, 낚싯대와 릴과 뜰채, 구명조끼, 낚시신발과 모자와 장갑, 낚시가방, 밑밥통과 살림망, 낚싯줄, 낚싯바늘, 찌와 루어 등 출조 준비를 한다.

집을 나서면 낚시하러 오가는 길에 산과 들과 꽃과 나무 등 자연경관도 보고, 갯바위에 서면 가없는 바다와 무심히 흘러가는 찌를 보며 삶과 인생을 생각하고, 운이 좋아서 선망하는 감성돔이나 바늘털이 농어 등 대상어 조과(釣果)가 있으면 사진을 찍는다.

대여섯 시간 가슴 설레는 낚시를 마치고 집에 오면 다음 출조를 위해서 바닷물에 노출된 낚시 장비, 낚싯대와 릴, 뜰채, 낚시가방과 낚시신발 등을 닦는다. 이어서 출조일지(出釣日誌)와 조행기(釣行記)를 쓰고, 인터넷 낚시 사이트와 페이스북, 카카오톡 등 SNS에 조행기와 사진을 올리고, 시즌이 끝나면 어종별 조황(釣況) 분석을 하고 낚시 앨범을 만드는

모든 행위가 낚시다.

무언가 한번 빠지면 정신없이 몰입하는 성격이 있다. 지금까지 살아오면서 바둑과 헬스와 동양화(일명 고스톱) 공부에 한동안 미친 듯이 빠져 지냈다. 바둑은 중학교 1~2학년 때 배워서 6~7년간 빠져 지냈고, 헬스는 고등학교 2~3학년 무렵 운동선수처럼 멋지게 몸도 만들고, 체력을 기르기 위해서 3~4년 동안 매일 두세 시간 이상 손에 굳은살이 박이도록 벤치프레스를 하고, 덤벨과 스쿼트, 아령, 평행봉 운동을 했었다.

동양화 공부는 제대 말년 무렵 군대에서 배웠다. 동양화 공부가 유행하던 80년대, 서른 살 즈음부터 삼십 대 중반 무렵까지 동양화 공부에 매진했었는데 결혼하기 전 한창 동양화 공부에 빠져 지내던 총각 시절에는 추석 연휴 3박 4일 동안 날밤을 새워가며 공부하기도 했었다.

세월이 흐르고 나이가 들어 바둑과 헬스와 동양화 공부에 대한 열정이 모두 식었다. 바둑은 이따금 바둑 TV를 시청하는 정도이고, 동양화 공부는 시골 친구들과 모임이 있는 날 일 년에 한두 번, 두어 시간 손을 맞춰보는 정도이다. 헬스는 저지난해 불어난 몸무게를 줄이려고 일 년 가까이 운동하다가 오른쪽 팔꿈치에 테니스 엘보가 찾아와서 요즘에는 가벼운 덤벨 운동과 스쿼트, 팔 굽혀 펴기 등을 하고있다.

낚시는 하늘의 뜻을 안다는 쉰 살에 배웠다. 지천명(知天命)의 나이에 낚시를 시작했지만, 늦게 배운 도둑 날 새는 줄 모른다고 젊은 시절에 빠졌던 바둑과 헬스와 동양화 공부 이상으로 미친 듯이 낚시에 몰두했었다. 퇴직하기 전, 직장에 다닐 때는 주말이나 국경일 등 40여 회 출조했고, 은퇴한 후에는 아카시아 꽃이 피는 5월 중순부터 낙엽이 지는 늦가을까지 70회 이상, 시간 날 때마다 출조했었다.

지난 20여 년 동안 낚시에 빠져서 1,200여 회 출조하고, 5만 시간 넘게 낚시했는데 아침에 출조하면 오후 늦게까지 예닐곱 시간 이상 낚시했다. 날씨와 물때가 좋은 날은 오전과 오후 하루 두 번 출조하고, 구조물이 복잡하게 들어선 경사진 테트라포드에서 밤샘 야간 낚시도 여러 번 했다.

그동안 감성돔 찌낚시와 원투낚시, 숭어와 우럭, 망둑어 낚시에 선상낚시와 워킹 루어낚시 등 다양한 장르의 낚시를 하면서 낚싯대와 릴, 뜰채, 구명조끼 등 수많은 낚시 장비를 사고 1,200여 회 출조하느라 돈도 많이 나가고, 시간도 많이 들었지만 기다리는 기쁨과 가슴 떨리는 만남이 있고, 멋과 여유와 꿈과 추억과 낭만이 있어서 언제나 가슴 설레고 행복했었다.

낚시는 젊은 시절에 빠졌던 바둑이나 헬스, 동양화 공부 등과 달리 다리 힘이 있을 때까지 즐거이 오래도록 빠져 지낼 생각이다. 앞으로 10년 이상 낚시 다니기 위해서 새벽마다 스트레칭과 조깅을 하고 팔 굽혀 펴기와 스쿼트, 덤벨 들기 등 열심히 운동하면서 체력을 기르고 있는데 소망은 여든 살까지 선망하는 감성돔과 바늘털이 농어 낚시를 하고, 이후에는 어린 시절 코흘리개 동무들과 낚시했던 고향 앞 쌍도(雙島)와 방파제에서 이따금 숭어와 망둑어 낚시를 하는 것이다.

다리 힘이 빠지는 팔십 중반이 되면 낚시를 접고 지난 낚시 앨범과 조행기를 보면서 가슴 설레는 지난 추억을 회상하다가 하늘나라 가는 것이 꿈이다. 20여 년 뒤 이 세상 숙제를 끝내고 하늘나라로 가는 날, 가족과 친구들에게 "신나게 낚시하고 행복했었다."라고 말하겠다.

♣ 낚시는 나를 찾으러 가는 것이 아니라

　나를 잊기 위해서 낚시를 간다.

－조셉 몬나가－

낚시꾼과 '뻥'

'뻥'이란 허풍이나 거짓말 따위를 속되게 이르는 말인데, 예로부터 낚시꾼들의 '뻥'은 심하기로 유명하다. '뻥'이 심한 낚시꾼들은 간신히 턱걸이 4짜 감성돔을 낚아놓고 "5짜 감성돔을 낚았다."라고 얘기하고, 히트 후 파이팅을 하여 수면에 띄워놓고 뜰채에 담으려는 순간 바늘털이를 하고 눈앞에서 사라진 농어는 "1m는 족히 넘었을 것."이라고 한다.

또 어느 낚시꾼은 "몇 해 전 ○○바다에서 파이팅을 하는 도중에 낚싯줄을 끊고 달아난 우럭(조피볼락)은 7짜가 되었을 것."이라 하고, 유명한 낚시광인 탤런트 李○○는 자신의 챔질은 하도 빨라서 "챔질을 하면 물고기는 안 올라오고 주둥이만 딸려왔다."라고 얘기했었다.

낚시에 입문한 지 몇 달이 되지 않는 왕초보 때였다. 모 선배 낚시인이 "아카시아 꽃이 피던 오월 어느 봄날, 이웃 ○○에 사는 나이 든 낚시꾼이 인근 ○○항 방파제에서 5짜 대물 감성돔을 낚고 너무 흥분한 나머지 심장마비로 죽었다."라고 했다. 처음에는 사실인가 생각했었다.

낚시 입문 이듬해인 2005년 6월 어느 날, 꽃쟁이 섬 인근 방조제에서 엉겁결에 고대하던 첫 감성돔을 낚았었다. 왕초보가 운 좋게 생각지도 못한 5짜 대물 감성돔(58cm)을 낚았었는데, 한동안 심장이 벌렁벌렁 뛰고 두 다리가 후들거릴 정도로 흥분은 됐었지만 까무러칠 정도는 아니었다.

♣ 다른 사람이 낚시 이야기를 하거든 입을 다물고 집중해서 들어야 한다.
그러지 않으면 친구를 잃는다.

-폴 퀴네트-

운칠기삼(運七氣三)

대한민국 국민의 대표 놀이인 '고스톱'이나 '카드', '포커' 등을 할 때 놀이꾼들이 흔히 하는 말로 놀이는 "운칠기삼이다."라고 하는데 낚시꾼들도 낚시할 때 "낚시는 운칠기삼이다."라고 얘기한다.

찌낚시든 루어낚시든 원투낚시든, 갯바위 낚시나 선상 낚시나 모든 낚시는 물고기가 물어줘야 한다. 아무리 실력이 좋은 낚시꾼이라도 물고기가 물어주지 않으면 '꽝'을 치고, 실력이 형편없는 초보 낚시꾼도 물고기가 물어주면 '대박'을 한다.

운칠기삼이란 "세상사 모든 일은 운이 7할 이상 따라주어야 한다."라는 말이지만 실력과 노력이 뒷받침되지 않는 운은 그리 오래가지 않는다.

♣ 낚시는 실패와 성공의 연속이다.

넓고 넓은 바다에서

넓고 넓은 바다에서 첫 캐스팅에 낚고자 하는 대상어(對象魚) 입질을 받는다면? 또 넓고 넓은 바다에서 물고기를 유인하는 밑밥을 뿌려주지 않고 낚시꾼들이 선망하는 감성돔 입질을 받는다면?

생각만 해도 신명 나는 일이다. 누구 말마따나 전생에 나라를 구했는지 어복(魚福)이 많아서인지 넓고 넓은 바다에서 첫 캐스팅에 감성돔과 농어 등 대상어 입질을 받고, 또 넓고 넓은 바다에서 물고기를 유인하는 밑밥도 뿌려주지 않고 미끼 하나로 선망하는 감성돔 입질을 여러 번 받았다.

넓고 넓은 바다에서 첫 캐스팅에 감성돔 입질을 받는, 그동안 상상만 하던 꿈같은 일이 낚시 입문 10년째 되는 2014년 실제로 일어났다. 여느 때처럼 냉각수(冷却水)가 배출되는 발전소 배수구 앞 홈통 갯바위로 출조(出釣)했었다. 어슴푸레한 새벽 홈통 갯바위에서 낚시채비를 하고 캐스팅하자 마치 기다리고 있었다는 듯이 곧바로 어신(魚信)이 들어왔다.

첫 캐스팅을 하고 2~3분 만에 입질 받아서 1~2분 파이팅을 하고 4~5분 만에 감성돔을 낚았다.

며칠 뒤 같은 장소인 홈통 갯바위에서 이번에는 첫 캐스팅에 대물 감성돔 입질을 받았다. 이날은 만조 물돌이가 지나고 초날물이 한창 진행되는, 날이 제법 환한 이른 아침 무렵 출조했었다. 동백정(冬栢亭) 주차장에 도착해서 냉각수가 배출되는 발전소 배수구 주변을 둘러보자 언제 왔는지 낚시꾼 두 명이 배수구 위쪽 테트라포드에서 옆에 낚싯대를 세워 놓고 잡담을 나누고 있었다.

잠시 바다 상황과 냉각수가 나오는 배수구 주변을 둘러본 뒤 주차장 울타리를 넘어 배수구에서 20~30m 떨어진 홈통 앞 테트라포드에 들어가 채비를 하고 낚시했다. 캐스팅하고 2~3분쯤 지났을까? 전생에 나라를 구했는지 '어복'이 많아서인지 아무튼, 첫 캐스팅을 하고 얼마 뒤 큰 입질을 받았다.

여름철이라 손맛이 좋은 가벼운 연질 낚싯대로 낚시했었는데, 챔질 후 자리가 불편한 테트라포드에서 4~5분 파이팅을 한 뒤 뜰채에 담아 올리자 낚시인들의 선망하는 5짜(53cm) 감성돔이었다. 첫 캐스팅에 5짜 감성돔을 낚자 배수구 위쪽 테트라포드에 있던 낚시꾼들이 "자신들은 어제 저녁때부터 새벽까지 밤새도록 입질 한번 받지 못했는데 오자마자 5짜 감성돔을 낚았다."라고 참 신기하다고 했다.

또 한 번은 아침저녁으로 선선한 바람이 불어오던 어느 해 9월 초순 무렵이었다. 여느 때처럼 냉각수가 나오는 발전소 배수구 주변 테트라포드에서 농어 루어낚시를 했었다. 물고기들이 먹이 활동을 하는 어슴푸레한 새벽, 만조 물때부터 초날물이 끝나갈 무렵까지 두어 시간 열심히 캐스팅했는데 대상어 입질을 받지 못했다.

중날물이 진행될 무렵 조류(潮流) 방향도 바뀌고 입질이 없어서 감성돔 찌낚시를 해 볼까, 고민하고 있던 참이었다. 때마침 배수구 앞 홈통 갯바위에서 찌낚시하고 있던 낚시꾼이 갯바위 좌측으로 이동하여 낚시하고 있었다. 서둘러 루어낚싯대를 접고 감성돔 찌낚시 채비를 해서 배수구 앞 홈통 갯바위로 들어갔다.

캐스팅하고 3~4분쯤 지났을까? 바깥쪽 갯바위 가장자리에서 묵직한 입질을 받았다. 챔질을 하고 2~3분 파이팅을 한 다음 뜰채로 올리자 41cm 감성돔이었다. 홈통 갯바위에서 입질 한번 못 받고 좌측 갯바위로 옮겨간 낚시인이 고맙기도 하고, 미안한 생각도 들었다.

넓고 넓은 바다에서 물고기를 유인하는 밑밥도 뿌려주지 않고 달랑 미끼 하나로 두 번째 캐스팅 만에 감성돔 입질을 받았다. 지난 2016년 9월 어느 날이었다. 친구가 날씨가 좋다고 저녁 물때에 꽃쟁이 섬 인근 방조제로 야간 우럭 낚시를 하러 가자고 유혹했다. 농어 루어낚시 탐색도 해볼 겸 농어 루어낚싯대와 감성돔 찌낚싯대를 준비해서 친구와 야간 우럭 낚시 출조를 했다.

해가 지고 어둑어둑한 저녁 8시 초들물 무렵 꽃쟁이 섬 인근 방조제에 도착해서 농어 루어낚시 탐색차 20여 분 캐스팅했는데 대상어 입질을 받지 못했다. 얼마 뒤 루어낚싯대를 접고 우럭 낚시를 했다. 물고기를 유인하는 밑밥도 뿌려주지 않고 쏙 미끼를 끼워 첫 캐스팅을 하고 5~6분 뒤 두 번째 캐스팅에 어신(魚信)이 들어왔다.

찌가 바닷물 속으로 빨려 들어가는 순간 우럭 입질이라 생각하고 가볍게 챔질했다. 낚싯대를 세우자 아래로 쿡쿡거리며 강렬하게 저항하는 느낌이 대상어 우럭 입질이 아니었다. 2~3분 파

이팅을 한 뒤 뜰채에 담아 올리자 42cm 감성돔이었다.

냉각수나 담수(淡水) 등이 배출되지 않는 방조제에서 물고기를 유인하는 밑밥도 뿌려주지 않고 쏙 미끼 하나로 5~6분 만에 감성돔을 낚자 동행 출조했던 친구가 "감성돔이 친구 오기만 기다리고 있다가 입질했다."라고 웃으며 농담을 했었다.

이날 자정 무렵까지 서너 시간 동안 물고기를 유인하는 밑밥 없이 달랑 쏙 미끼 하나로 4짜 감성돔 한 마리와 한 뼘 안팎 되는 우럭과 개볼락 열예닐곱 마리에 두 지반 풀치까지 두세 마리 낚고, 동행했던 친구도 밑밥 없이 쏙 미끼로 4짜 농어와 22~28cm 정도 되는 우럭과 개볼락을 서른 마리가량 잡았었다.

어복이 많아서인지 첫 캐스팅에 바늘털이 농어 입질도 여러 번 받았다. 2014년 10월 말 무렵이었다. 어슴푸레한 새벽 냉각수가 지나는 발전소 배수구 앞 갯바위에서 첫 캐스팅에 대상어 농어 입질을 받았다. 농

어 루어낚시에 입문한 지 두어 달 되었을까? 실랑이 도중 아쉽게 바늘털이 당했는데 얼마 뒤 세 번째 캐스팅에 71cm 농어를 낚고 몇 분 후 네 번째 캐스팅에 48cm 깔따구(40cm 안팎 되는 농어) 한 마리를 낚았다.

농어 루어낚시 입문 이듬해인 2016년 7월 어느 조금 물때였다. 어슴푸레한 새벽 홈통 앞 갯바위에서 한 시간 넘게 캐스팅했는데 대상어 입질을 받지 못했었다. 중들물 무렵 배수구 옆 테트라포드로 이동하여 첫 캐스팅에 농어 입질을 받았다. 이후 30~40분 동안 손님 고기 광어까지 일곱 번 연속 입질을 받아서 여섯 번 랜딩하고 한 마리 바늘털이 당했다.

역시 농어 루어낚시 입문 이듬해인 2016년 10월, 어슴푸레한 새벽 초들물 무렵 홈통 앞 갯바위에서 첫 캐스팅을 하고 3~4분 뒤 두 번째 캐스팅에 대상어 입질을 받았다. 이후 한 시간 동안 그야말로 일투일어(一投一魚), 캐스팅할 때마다 대상어 농어를 히트하여 다섯 마리를 랜딩하고 예닐곱 번 바늘털이 당했다.

지금은 ○○발전소가 이전하여 포인트가 없어지고 말았지만, 냉각수가 배출되는 발전소 배수구 주변 갯바위와 테트라포드는 감성돔은 물론 농어와 삼치, 광어, 숭어, 우럭, 학꽁치, 전어, 강담돔 등 다양한 어종이 모여들어 물고기를 유인하는 밑밥을 뿌려주지 않고 미끼 하나로 낚시가 가능했다.

집에서 가까운 도보권에 밑밥 없이 미끼 하나로 대상어 입질을 받고, 첫 캐스팅에 선망하는 감성돔과 바늘털이 농어를 낚을 수 있는 특급 낚시터가 사라져서 아쉬움이 많다.

♣ 낚시는 정답이 없다.

수많은 경험에서 계속 실마리를 찾는 것이다.

-월튼-

낚시를 좋아하는 이유

낚시를 좋아하는 이유는 낚시는 혼자서도 즐길 수 있는 레포츠이고, 한적한 갯바위에서 느긋하게 낚싯대를 드리우고 기다림의 낚시를 하면서 지나온 삶을 되돌아보며 인생은 무엇인가? 어떻게 살아야 하는가? 생각도 하고, 낚시인들이 선망하는 감성돔과 바늘털이 농어 등 대상어(對象魚) 입질을 기다리는 설렘과 히트 후 물고기와 밀고 당기는 실랑이를 벌일 때 느끼는 짜릿한 오르가슴이 있기 때문이다.

또 직장에서 퇴직한 후 하는 일 없이 집안에 틀어박혀 지내는 따분한 일상에서 벗어나 여기저기 낚시 여행을 다닐 수 있고, 가슴이 답답하거나 외롭고 쓸쓸할 때 탁 트인 바다에 나가 바닷바람을 쐬면서 기분 전환도 하고, 운 좋게 감성돔이나 농어 등 조과물(釣果物)이 있으면 인증사진을 찍고, 횟감 물고기가 있으면 집으로 오는 길에 친구나 지인에게 주기도 하고, 인터넷 ○○낚시 사이트와 페이스북, 카카오톡 등 SNS에 대상어를 낚은 무용담과 조과물 자랑을 할 수 있기 때문이다.

여기에 요즘 즐겨 다니고 있는 워킹 농어 루어낚시를 하면서 지형이 험한 갯바위와 구조물이 복잡하게 들어선 경사진 테트라포드를 두어 시간 오르내리며 캐스팅을 하고 릴링을 반복하다 보면 저절로 운동이 되어 건강에도 좋고, 덤으로 멋진 대상어를 낚는 기쁨과 감성돔과 농어, 광어, 우럭 등 값비싼 횟감 물고기를 얻는 즐거움이 있기 때문이다.

♣ 낚시를 좋아하는 까닭은,

그냥 좋아서 한다.

-로버트 트레이버-

손맛과 데이트

낚시꾼에게 예쁜 아가씨와 데이트하는 것과 5짜 감성돔이나 7짜 참돔, 80cm가 넘어가는 농어(일명 따오기), 90cm가 넘는 부시리 손맛을 보는 것 중에서 하나를 선택하라고 한다면 아마 대다수 낚시꾼은 5짜 감성돔이나 7짜 참돔, 80cm가 넘는 농어와 9짜 부시리 손맛 보는 것을 선택할 것이다.

낚시꾼들은 선망하는 5짜 감성돔이나 7짜 참돔, 8짜 따오기, 90cm가 넘어가는 부시리 손맛을 본 날은 그야말로 먹지 않아도 배가 부르다. 온종일 아니 일주일 내내 기분이 좋아서 싱글벙글할 것이다.

♧ 낚시란

즐거울 낙(樂), 때 시(時).

'즐거운 시간'을 보내는 것이다.

낚시 단상 I

요즘 들어 낚시하는 재미가 쏠쏠하다. 감성돔과 농어 등 대상어(對象魚) 얼굴 보는 날이 많아졌기 때문이다. 몇 해 전까지만 해도 열 번 정도 출조(出釣)해야 한두 번 대상어 얼굴을 볼 수 있었는데 지난해부터 어복(魚福)이 많아졌는지 감성돔과 농어 등 대상이를 만나는 횟수가 부쩍 늘어났다.

가까운 도보 낚시터에서 바늘털이 농어와 손님 고기 광어는 물론 배를 타고 멀리 나가더라도 얼굴 보기 어려운 귀한 감성돔을 자주 볼 수 있어서 좋다. 숭어나 우럭 손맛이라도 보면 기분 좋은 도보 낚시터에서 감성돔과 농어, 광어, 우럭 등 다양한 손맛을 보면서 즐기는 나만의 낚시 방법이다.

자유롭고 마음 편한 낚시를 한다. 일상 탈출을 위한 낚시를 하려면 출입과 이동이 자유롭고 시간과 장소에 구애받지 않아야 한다. 그리고 번잡하지 않아야 하고 조용하고 깨끗한 곳이어야 한다. 비록 감성돔이나 농어 등 대상어 입질 확률이 낮더라도 한적한 낚시터에서 자유롭고 마음 편한 낚시를 한다.

 선상 낚시나 낚싯배를 타고 출조하는 갯바위 낚시는 정해진 출항 시간에 배를 타고, 철수 시간에 맞춰 쫓기듯 낚시하기 때문에, 집중도 되지 않고 낚시하는 재미도 나질 않는다. 또 자리가 한정된 갯바위나 비좁은 선상에서 여러 사람과 낚시하다 보면 주변 낚시인과 채비도 자주 엉키고, 보이지 않는 자리다툼을 벌이기 때문에 싫다.

 간결한 낚시를 한다. 내가 다니는 낚시터는 집에서 자동차로 30분이 채 걸리지 않는다. 가까운 도보 낚시터에서 반나절 정도 낚시하기 때문에 언제나 짐이 가볍고 간결하다. 작은 낚시가방에 낚싯대 두 대와 밑밥주걱을 넣고 뜰채와 함께 묶는다. 밑밥은 네댓 시간 낚시할 수 있는 크릴 석 장에 집어제 한두 봉지를 섞은 다음, 밑밥통에 담아서 두레박과 함께 조금 큰 살림통 겸 보조 가방 안에 넣는다.

 여기에 음료수와 빵 한두 개 등 약간의 먹거리와 카메라, 낚시 타올, 선글라스, 보조 릴과 막대찌 등 낚시 소품을 배낭에 넣어서 메고 다닌다. 도보 낚시터에서 낚시하는 시간도 길지 않고, 출조 거리도 멀지 않기 때문에 언제나 짐이 가볍고 간결하다. 그래서 낚시하러 집을 나설 때나 낚시를 마치고 돌아올 때 언제나 발걸음이 가볍다.

 즐기는 낚시를 한다. 즐기는 낚시를 하려면 무엇보다 낚시의 결과물, 대상어 조과(釣果)에 연연하지 않아야 한다. 6~7년 전 낚시를 배우던 초보 때는 감성돔이나 농어 등 낚고자 하는 대상어도 없었고 조과가 없어도 좋았다. 탁 트인 바다에서 바람을 쐬는 것이 좋아 낚시하러 다녔다. 2~3년이 지난 후 어종별, 장르별 낚시기법을 알게 된 후로는 나도 모르게 대상어 조과를 생각하게 되었다.

조수 간만의 차가 큰 데다가 수심(水深)이 얕고 낚시 환경이 열악한 서해 중부 도보 낚시터에서 감성돔이나 농어 등 대상어 조과에 신경 쓰다 보니 즐거워야 할 낚시가 피곤한 낚시가 되고말았다. 그래서 요즘에는 대상어 조과에 연연하지 않는다. 출조 준비에서부터 마무리까지 낚시의 모든 과정을 즐기고 있다.

출조하기 전, 설레는 마음으로 낚싯대와 릴, 뜰채 등 낚시채비를 하고, 집을 나서면 오가는 길에 산과 들과 꽃과 나무 등 주변 풍광을 구경하고, 낚시터에 가면 느긋하게 낚싯대를 드리우고 대상어 입질을 기다린다. 대여섯 시간 가슴

설레는 낚시를 마치고 집에 오면 출조일지(出釣日誌)와 조행기(釣行記)를 쓰고, 낚싯대와 릴, 뜰채 등 바닷물에 젖은 낚시 장비 손질을 한다.

운이 좋아서 선망하는 감성돔이나 손님 고기 농어, 광어, 우럭 등을 한두 마리 낚으면 좋고, 못 잡아도 스트레스를 받지 않는다. 오늘 낚지 못하면 다음에 출조하여 잡으면 되기 때문에 대상어 조과에 크게 신경

쓰지 않는다. 가까운 도보 낚시터에서 조과에 대한 마음을 비우고 낚시하다 보니 낚시하는 즐거움이 크다.

출조일지를 쓰고 낚시 앨범을 만들고 있다. 몇 해 전부터 낚시 다녀오면 조과물(釣果物)이 있건 없건 출조일지를 작성하고 있다. 일지 내용은 출조지와 물때, 간만조(干滿潮) 시각, 풍향과 풍속, 파고, 수온, 물색과 조류(潮流) 등 날씨와 바다 상황을 적고 기타 사항으로 낚시 시간과 대상어의 입질 시각, 입질 포인트 등을 기록하고 있다.

조행기와 출조일지 작성에 이어 감성돔이나 농어, 광어 등 대상어를 잡았을 때는 뿌듯했던 순간을 오래 간직하기 위해서 사진을 찍어 낚시 앨범을 만들고 있다. 시즌이 끝난 뒤 지난 낚시 앨범을 보면 그날의 뿌듯했던 순간을 또다시 느낄 수 있어서 즐거움이 배가 되고, 여기에 지난 출조일지를 보면 이다음 출조에 많은 도움이 된다.

또 있다. 인터넷 낚시 사이트와 페이스북, 카카오톡에 낚시 사진과 조행기를 올리고 있다. 감성돔이나 농어, 광어, 우럭 등 조과물 사진은 물론, 낚시하러 오가는 길에 주변 풍광 사진을 찍어서 인터넷 낚시 사이트나 페이스북, 카카오톡 등 SNS에 조행기와 함께 올리고 있다.

참고로 대상어 조과를 올리기 위한 나만의 낚시 노하우다. 조과를 올리려면 장르별, 어종별 채비법과 다양한 낚시 방법을 숙지하는 것도 중요하지만, 무엇보다 '자신의 낚시에 자신감을 가지는 것'이 중요하다. 어떠한 일을 할 때 "나는 할 수 있다."라는 자신감을 가지고 임하는 것이 중요하듯, 낚시할 때도 '감성돔이나 농어 등 대상어를 낚을 수 있다.'라는 자신감을 가지고 낚시하는 것이 중요하다.

같은 시간, 같은 포인트에서 똑같이 낚시한다면 자신감을 가지고 낚시하는 사람과 자신감 없이 낚시하는 사람의 낚시 결과는 다르다. 집중력이 차이가 나기 때문에 조과도 차이가 나고 낚시하는 재미도 차이 난다. 즐겁고 신나는 낚시를 하기 위해서는 '감성돔이나 농어 등 대상어를 낚을 수 있다.'라는 자신감을 가지는 것이 중요하다.

감성돔, 대한민국 낚시인 모두가 낚고 싶어 하는 선망의 물고기이다. 짜릿한 손맛과 함께 멋진 자태를 뽐내는 갯바위 왕자 감성돔, 배를 타고 멀리 나가더라도 쉽게 얼굴을 보여주지 않는 귀한 감성돔을 가까운 도보 낚시터에서 자주 만나게 되니까 기분이 좋다. 하지만 감성돔을 자주 본다고 해서 꼭 좋은 것만 아니다. 기다림이 길어야 만나는 기쁨이 커지듯이 감성돔도 오랜 기다림 끝에 만나는 감성돔이라야 더 반갑기 때문이다.

내가 생각하는 감성돔 조율(釣率)은 40~50%가 적당하다고 본다. 이보다 조율이 높아지면 감성돔을 기다리는 즐거움과 만나는 기쁨이 줄어들게 될 것이고, 조율이 떨어지면 집중력이 떨어져서 힘들고 피곤한 낚시가 될 것이다. 40~50% 안팎의 감성돔 조율에다 농어나 광어, 우럭 등 손님 고기가 10~20% 정도 입질해 준다면 즐겁고 신나는 낚시가 될 것이다.

♣ 열심히 낚시하라.

오래 낚시하라.

고기가 미끼를 물지 않을 때 낚시하라.

고기가 미끼를 물때 낚시하라.

고기가 미끼를 물지 않으면, 물을 때까지 계속 낚시하라.

-폴 퀴네트-

병장과 대대장

낚시인들의 낚시에 대한 집념은 열악한 환경 속에서도 빛이 난다. 포항 해병대에서 복무한 대구 낚시인 Y 씨의 군대 시절 이야기이다.

Y 씨는 병장 시절 소대장을 꼬드겨 '일월지'라고 하는 부대 한가운데 있는 연못에서 몰래 낚시하다가 대대장에게 들키고 말았다. 그날 두 해병은 부대 연병장에서 전날 먹은 음식을 게워낼 정도로 심하게 얼차려를 받았다.

Y 병장은 얼차려를 받는 와중에도 어제 못다 낚은 붕어가 눈앞에서 아른거렸다. 며칠 뒤 Y 병장은 체육복 바지에 낚싯대를 숨기고 순찰이 뜸한 휴일을 틈타서 문제의 '일월지'로 또 한 번 침투했다. 낮은 포복(匍匐)과 빠르게 약진(躍進)을 거듭해서 연못가 갈대숲으로 가자 반갑지 않은 손님이 먼저 와있었다.

'일월지'에서 낚싯대를 들고 있는 사람은 바로 며칠 전 얼차려를 시킨 대대장이었다. 엉겁결에 "필승!" 거수경례를 붙인 뒤 Y 병장은 마음속으로 "이젠 꼼짝없이 죽었구나!" 생각하고 눈을 감았다. Y 병장을 본 대대장은 기가 찬다는 듯이 허허 웃으며 옆에 와서 낚시하라고 했다.

이날 이후 Y 병장은 대대장의 낚시 스승이 됐고, 제대할 때까지 꿈같은 나날을 보냈다. 낚시인 Y 씨는 현재 대구시에서 유명한 낚시점을 운영하고 있다.

♣ 나쁜 동행 사이에서 좋은 낚시란 없듯이
좋은 동행 사이에서 나쁜 낚시란 없다.

-폴 퀴네트-

낚시와 골프

800만 명이 즐기고 있는 낚시와 600만 명이 즐기는 골프는 대한민국 남자들의 양대 레포츠로 공통점이 많다.

먼저 바다낚시와 골프는 장비값이 많이 들어간다. 골프는 드라이버와 우드, 유틸리디(하이브리드), 아이언, 웨지, 퍼터 등 장비값이 상급기준 500~600만 원 정도 들어간다고 한다. 바다낚시는 장르별, 어종별, 호수별로 여러 대의 낚싯대와 릴, 뜰채, 구명조끼, 낚시가방과 밑밥통, 살림망, 찌와 루어 등 상급기준 500~800만 원 이상 들어간다.

(유명한 낚시광인 李○○ 탤런트는 보유하고 있는 민물낚시와 바다낚시 등 장르별, 어종별, 호수별로 낚싯대와 릴, 뜰채, 구명조끼, 낚시가방과 모자, 낚시신발, 찌와 루어 등 낚시 장비값이 억대가 훌쩍 넘어간다고 했고, 『도시어부』 낚시 방송에 나오는 P○○ 프로 낚시인은 낚싯대 한 대 가격이 4백만 원이 넘어가고, 현재 보유하고 있는 전체 낚시 장비값이 웬만한 아파트 한 채 가격보다 많이 나온다고 한다.)

골프와 바다낚시는 즐기는 비용이 많이 나간다. 골프는 수도권과 비

수도권 등 라운딩 지역에 따라 차이가 나지만 보통 한번 필드에 나가면 20~30만 원 정도 들어간다. 바다낚시도 원도권(遠島圈)과 중내만권(中內灣圈), 내만권(內灣圈) 등 출조(出釣) 지역과 대상 어종, 낚시 장르에 따라 차이가 난다. 중내만권 참돔 선상 낚시의 경우 밑밥 비용을 포함하여 15~16만 원 정도 나오고, 수도권에서 먼바다 선상 갈치낚시나 원도권에 출조하려면 출조 버스비와 선비(船費), 식대 등 20만 원 넘게 나간다.

낚시와 골프는 한번 빠지면 빠져나오기 어려운 재미와 마약과 같은 강한 중독성이 있다. 그리고 장비가 좋다고 잘되는 건 아니지만 낚시와 골프는 입문하여 몇 년 지나지 않으면 지름신(사고 싶은 물건이 있으면 앞뒤 가리지 않고 바로 사게 하는 가상의 신)이 강림하여 새로운 제품, 낚싯대와 골프채가 출시될 때마다 장비들을 업그레이드하게 된다.

낚시와 골프는 즐기는 시간이 비슷하다. 골프는 필드에 나가면 1번 홀에서 18번 홀까지 대략 4~5시간 정도 걸리고, 낚시는 대상 어종과 낚시 장르에 따라 차이가 있지만 보통 한번 출조하면 대여섯 시간 이상 낚시한다. 또 골프는 보조해 주는 캐디가 버디를 잡을 수 있도록 퍼트 라인을 읽어주고, 낚시는 선장이 대상어(對象魚)를 낚을 수 있는 포인트 위치를 알려준다.

낚시인은 낚시가 끝나면 동행인들과 그날 잡은 감성돔이나 참돔, 농어 등 물고기 회를 안주 삼아 술잔을 기울이고, 골퍼는 골프가 끝나면 동반자들과 그날의 플레이를 안주 삼아서 술잔을 기울인다. 이 밖에 낚시인과 골퍼는 잘 안되는 이유와 핑곗거리가 많다.

낚시와 골프의 다른 점은 골프는 회원권이 있고, 낚시는 회원권이 없다. 골프는 반드시 동반자가 있어야 하지만, 낚시는 혼자서도 할 수 있다. 또 낚시는 바다와 강, 저수지 등 물에서 하고, 골프는 잔디가 있는 육지에서 한다. 미끼와 밑밥과 집어제(集魚劑)를 다루고, 해조류와 물이끼 등이 끼어있는 갯바위와 테트라포드를 오가는 낚시꾼은 옷차림이 꾀죄죄한데 골프카를 타고 산뜻한 잔디밭을 오가는 골퍼의 옷차림은 말쑥하다.

골프는 1번 드라이버와 우드, 아이언, 유틸리티, 웨지, 퍼터 등 장비가 간단하다. 낚시는 갯바위와 선상 등 낚시 장르와 대상 어종에 따라 흘림 찌낚싯대와 원투낚싯대, 루어낚싯대 등 장르별, 어종별, 호수별로 여러 대의 낚싯대와 릴, 보조 스풀, 뜰채와 구명조끼가 필요하고 여기에 낚싯줄과 낚싯바늘, 루어와 찌, 봉돌, 낚시가방과 밑밥통, 밑밥주걱, 주

걱꽂이, 두레박과 살림망, 기포기, 꿰미, 플라이어, 니퍼, 헤드랜턴과 케미라이트, 비상용 호루라기 등 필요한 부속 채비 용품이 많다.

또 있다. 낚시는 원거리 출조시 2~3일 숙박도 하지만 골프는 숙박하지 않는다. 골프는 필드에(내기 골프 말고) 나가면 돈만 들어가지만, 바다낚시는 때로 돈을 벌어 오기도 한다. (먼바다 선상 갈치낚시를 나가서 많이 잡으면 장사꾼들이 와서 낚시꾼들이 잡은 갈치를 사가기도 한다.)

♣ 골퍼는 잔디를 보면 골프를 치고 싶고,
낚시꾼은 물을 보면 낚싯대를 담그고 싶다.

에피소드 1

20여 년 감성돔 흘림 찌낚시와 원투낚시, 워킹 농어 루어낚시 등 여러 장르의 낚시를 하다 보니 에피소드가 많았다.

초보 시절 꽃쟁이 섬 인근 방조제에서 낚시하다가 조끼 윗주머니에 넣어둔 안경을 테트라포드 아래로 떨어뜨리기도 하고, 감성돔 찌낚시 도중 입질이 없어서 삼치 루어낚시를 하려고 루어낚싯대에 스푼 루어낚시 채비를 하고 캐스팅하다가 테트라포드 뒤쪽에 놓아둔 찌낚싯대를 걸어서 부러트리고 곧바로 철수하기도 했다.

선선한 바람이 불어오던 어느 늦가을, 자주 다니는 ○○갯바위에서 농어 루어낚시를 했었다. 날씨와 물때가 좋아서 대상어(對象魚) 입질을 기대하고 부지런히 포인트를 옮겨 다니며 열심히 캐스팅했는데 이상하게 입질이 없었다. 두어 시간 낚시했나? 입질도 없고 피딩 타임이 지나서 아쉬움에 한두 번 더 캐스팅해 보고 그만 철수하려고 했었다.

마지막 캐스팅이라 생각하고 힘껏 캐스팅했는데 멀리 캐스팅하려고 길게 늘어뜨린 미노우 트레블 훅이 낚시 자리 뒤쪽 갯바위에 있던 랜딩용 뜰채 망을 거는 바람에 뜰채가 그만 바다로 날아가 버리고 말았다.

 어이가 없었다. 고민 끝에 바닷물에 빠진 뜰채를 건지려고 일흔이 다 된, 배는 만삭이 된 임산부처럼 불룩 나오고, 머리가 희끗희끗한 중늙은이가 늦가을 이른 아침 쌀쌀한 날씨에 팬티 하나만 입고 가슴께까지 빠지는 차가운 바닷물 속으로 들어갔었다.

♣ 물고기가 잡히지 않을 때는
주변 경관을 둘러보며 운치를 즐겨라.

대물(大物) 낚시

　10여 년 전, 인터넷 ○○낚시 사이트에서 전국 낚시인 100명을 대상으로 설문 조사를 했다. '5짜 감성돔 한 마리를 낚는 것'과 '3짜 감성돔 스무 마리를 낚는 것' 중에서 하나를 선택하라고 했는데 낚시인 100명 중에서 70명이 "5짜 감성돔 한 마리 낚겠다."라고 했고, 나머지 30명은 "3짜 감성돔 스무 마리를 낚겠다."라고 답했다.

　낚시꾼들은 조력(釣歷)이 쌓이면 어니스트 헤밍웨이의 『노인과 바다』에 나오는 늙은 어부가 85일 만에 거대한 청새치를 잡는 것처럼 누구나 대물(大物)을 낚는 꿈을 꾼다. 낚시꾼들은 3짜 감성돔 스무 마리보다 5짜 대물 감성돔을 낚는 꿈을 꾼다.

♣ 조그만 낚시 미끼도 큰 물고기를 낚는다.

-영국 속담-

번개 출조

밤 11시, 찬물로 샤워하고 자리에 누웠는데도 열대야 현상 때문에 잠이 쉬이 오지 않는다. 방문과 베란다 창문을 활짝 열고, 머리맡에 선풍기를 틀어놓고, 한 시간 가까이 엎치락뒤치락하다가 자정 무렵 잠이 들었다.

서너 시간 눈을 붙였을까? 알람 소리가 요란하다. 새벽 3시 20분, 핸드폰 알람 소리에 비몽사몽 정신없이 일어나 고양이 세수하듯 얼굴 눈곱만 떼어내고, 간단하게 요기를 한 뒤 커피를 마시며 컴퓨터를 켠다. 인터넷 ○○낚시 사이트에 들어가서 출조지(出釣地) 날씨와 간만조(干滿潮) 시각, 풍향과 풍속과 파고(波高) 등 바다 상황을 확인한 후 낚시조끼를 입고 배낭을 둘러맨 다음 낚시가방과 밑밥통을 챙겨 들고 아파트를 나선다.

어슴푸레한 출조(出釣) 길, 종천과 비인을 지나 여느 때보다 빠르게 속도를 내고 발전소 외곽 주차장에 도착하여 시간을 보자 4시가 조금 지났다. 해가 긴 여름철이라 날이 제법 환하다. 서둘러 배낭과 낚시가방을 둘러맨 뒤 밑밥통을 들고 꽃쟁이 섬 인근 방조제로 빠르게 이동한다.

10여 분 후 자주 가는 포인트에 도착해서 위쪽 테트라포드 편평한 자리에 배낭과 낚시가방을 정리한 뒤 채비를 하기 전, 수중여가 있는 오른쪽 포인트 주변에 밑밥을 대여섯 주걱 뿌려주고 서둘러 낚시채비를 하자 5시 30분 전이다. 막대찌에 붉은 케미 라이트를 끼운 다음 낚싯바늘에 싱싱한 미끼를 끼워 설레는 마음으로 포인트 앞쪽에 힘차게 캐스팅~!

어스름하여 바다 물색은 알 수 없지만, 동남풍이 적당하게 불어서 바다도 잔잔하고, 조류(潮流) 흐름도 원활하고, 바다 상황이 좋다. 물고기들이 먹이 활동을 하는 어슴푸레한 새벽 초들물, 황금의 피딩 타임이다.

고요하고 잔잔한 새벽 바다에 붉은 케미 라이트를 꽂은 막대찌가 미약한 조류를 타고 느릿느릿 흐른다. 바다 상황이 좋아서일까, 붉은 막대찌가 금방이라도 스르륵 바닷물 속으로 빨려들어 갈 것 같은, 무언가 입질이 들어올 것 같다.

설레는 마음으로 앞쪽 수중여 주변에 부지런히 밑밥을 뿌려주면서 열심히 낚시했다. 30여 분 낚시했나? 기대와 다르게 붉은 케미 라이트를 꽂은 막대찌는 이렇다 할 반응이 없다. 연일 계속되는 폭염(暴炎)에 바닷물 수온도 오르고, 장맛비에 바다 물색이 탁해져서 그런지 우럭 새끼 등 잡어 입질 한 번 없다.

한 시간 정도 낚시했을까? 여명이 밝아오고 초들물이 끝나갈 무렵 미약한 조류를 타고 꽃쟁이 섬 쪽으로 느릿느릿 흘러가던 막대찌가 오른쪽 수중여 부근에서 두어 번 깜박거리더니 바닷물 속으로 스르륵 잠겨 들어간다. 그동안 우럭 새끼 등 잡어 입질 한 번 없어서 채비가 테트라포드나 수중여에 걸린 것 같았다.

별다른 생각 없이 여윳줄을 감고 낚싯대를 들어 올리듯 가볍게 챔질한 다음 낚싯대를 세우자 무언가에 걸린 것 같은 느낌이 들었다. 순간 우럭 새끼가 입질했나 생각하고 릴링을 하자 갑자기 묵직하게 낚싯대를 잡아당기는 반응이 왔다. 깜빡거리는 미약한 어신에 묵직하게 초릿대를 끌고 가는 느낌이 대물 숭어 입질 같았다.

한 시간 넘게 우럭 새끼 등 잡어 입질 한 번 없어서 무료하던 참인데 숭어 손맛이라도 보자. 힘껏 낚싯대를 세우자 낚싯대가 활처럼 포물선을 그린다. 펌핑을 하면서 릴링을 하자 저항하는 느낌이 왠지 수상하다. 두 손으로 낚싯대를 잡고 파이팅을 해도 아래로 쿡쿡거리며 묵직하게 저항하는 느낌이 숭어 입질이 아닌 것 같다.

강렬하게 저항하는 물고기와 2~3분 실랑이를 벌인 뒤 낚싯대를 세우고 수면 위에 띄우자 씨알 준수한 감성돔이다. 뜰채에 담아서 랜딩한 뒤 대충 손으로 길이를 재보자 두 뼘이 넘는다. 예상하지 못한 4짜 감성돔을 기분 좋게 마무리한 뒤 테트라포드 앞 수중여 주변에 네댓 주걱 밑밥을 뿌려 준 다음 낚싯바늘에 싱싱한 미끼를 끼워서 룰루~~♪♫ 랄라~~♫♪ 힘차게 캐스팅!

또 한 번 묵직한 감성돔 입질을 기대하면서 열심히 낚시했다. 4짜 감성돔 입질 후 한 시간 정도 낚시했을까? 설레는 마음으로 포인트 주변에 부지런히 밑밥을 뿌려주면서 낚시했지만, 감성돔이 낱마리로 들어왔는지 이어지는 입질이 없다. 중들물이 진행될 무렵 조류 흐름이 바뀌고 우럭 새끼 등 잡어 입질이 없어서 시간을 보자 7시 20분이다.

준비해 간 밑밥도 바닥나고, 예정된 낚시 시간도 다 되이가고, 아쉽지만 오늘은 이만 낚싯대를 접는다. 서둘러 밑밥통과 배낭을 정리한 뒤 낚시가방과 밑밥통을 둘러메고 발전소 외곽 주차장에 와서 차에 오르자 7시 50분이다. 평소보다 빠르게 속도를 내서 집에 오자 8시 10분이 조금 넘었다.

바닷물에 노출된 릴 베일과 핸들 주변에 오일을 뿌리고, 낚싯대 가이드에 염분 중화제를 뿌려준 다음 낚싯대와 낚시가방, 밑밥통, 배낭, 낚시신발, 조끼와 장갑과 옷가지 등을 베란다 한쪽에 옮겨 놓고 대충 샤워를 한 뒤 서둘러 옷을 갈아입고 빠르게 사무실에 출근하자 8시 30분이다.

날씨와 물때가 좋아서 주말이 아닌 주중(週中) 꼭두새벽에 번개 출조하여 두어 시간 동안 낚고자 했던 대상어(對象魚), 4짜 감성돔 손맛도 보고 오랜만에 기분 좋은 낚시를 했다.

♣ 낚시는 수학과 같은 것이다.
그것을 완전히 마스터 할 수 없기 때문이다.

-아이작 월튼-

해품장

흘림 찌낚시와 원투낚시, 선상 낚시와 워킹 루어낚시 등 여러 장르의 낚시를 두루 하다 보면 지름신이 강림하여 새로운 낚시 제품이 출시될 때마다 낚싯대와 릴과 뜰채, 구명조끼와 낚시신발과 모자와 장갑, 낚시 가방과 밑밥통과 찌와 루어 등 수많은 낚시 장비를 사게 된다.

수납공간이 많지 않은 아파트에서 낚시 장비들을 거실과 베란다 등 집안 이곳저곳에 보관하다 보면, 보기도 산만하고, 관리하기도 쉽지가 않다. 해품장(낚시장비 수납장)은 집안 곳곳에 흩어져있는 낚싯대와 릴, 보조 스풀, 뜰채, 낚시가방과 찌와 루어, 낚싯줄과 낚싯바늘, 니퍼와 플라이어, 캡라이트, 릴 오일과 구리스, 염분 중화제, 소품 케이스 등 수많은 낚시 장비와 채비 용품들을 한곳에 보관 관리할 수 있어서 편리하고, 출조(出釣)할 때 채비도 빠르고 편하게 할 수가 있다.

♣ 내가 죽었을 때, 아내가 내 낚싯대를 내가 말한 값으로 팔아버릴까 봐 걱정이다.

-쿠스 브랜-

기묘한 낚시꾼

지난 1996년 여름, 경남 합천호에서 한 낚시꾼의 기묘한 낚시 행장(行裝)을 보고 여러 낚시꾼이 웃었다. 두 살짜리 아기를 둘러업고 낚싯대를 펼쳐 든 낚시꾼 때문이었다.

창녕에서 왔다는 그 낚시꾼은 아내가 남편이 낚시 못 가게 하려고 일부러 집에 갓난아기를 두고 외출했는데, 두 살짜리 아이를 둘러업고 낚시하러 합천호에 왔던 것이었다.

> ♣ 당신이 낚시할 때 누군가 뒤에서 보고 있다면,
> 그것은 당신이 사랑하는 여자에게 편지를 쓸 때
> 누군가가 뒤에서 보고 있는 것만큼 나쁘다.
> —어니스트 헤밍웨이—

미스터리

주 5일 근무제가 시행되던 2004년 바다낚시에 입문하여 20여 년 찌낚시와 원투낚시, 루어낚시 등 다양한 장르의 낚시를 두루 하다보니 그동안 재미있는 일도 많았고, 정말 이해할 수 없는 황당한 일들도 여러 번 겪게 되었다.

감성돔 흘림 찌낚시에 이어 10여 년 전부터 워킹 농어 루어낚시를 즐겨 다니고 있다. 조수 간만의 차가 크고 수심(水深)이 얕은 서해 중부 내만권 갯바위와 구조물이 복잡하게 들어선 테트라포드에서 농어 루어낚시를 하다보면 미노우와 바이브레이션 루어가 통발이나 수중여(물속 암초) 등 물속 장애물에 걸려서 값비싼 루어(브랜드가 있는 루어는 개당 2~3만 원 한다)를 자주 잃어버리게 된다.

워킹 농어 루어낚시 도중 미노우와 바이브레이션 루어가 수중여에 박히거나 통발과 폐그물 등 장애물에 걸려 떨어져서 열흘이나 보름 뒤, 바닷물이 많이 나가는 사리 물때에 낚시했던 갯바위에 가서 분실한 싱킹 미노우나 바이브레이션 루어를 찾아보면 몸통과 이지클립, 스플릿 링 등은 그대로 있는데 이상하게 트레블 훅(낚싯바늘)은 마치 누가 떼어 간 것처럼 흔적 없이 사라진 적이 여러 번 있었다. 불과 열흘이나 보름 사이에 낚싯바늘이 바닷물에 삭아서 없어진 것인지 도무지 이해할 수가 없었다.

이해할 수 없는 일이 이뿐만이 아니다. 40~50m 정도 날아가는 싱킹 바이브레이션 루어가 낚시했던 갯바위에서 200~300m 떨어진 엉뚱한 자갈밭에서 트레블 훅은 사라진 채 몸통만 발견되기도 하고, 늦가을 ○○○ 갯바위에서 농어 루어낚시 도중 잃어버린 바이브레이션 루어를 서너 달이 지난 이듬해 봄철 10여 ㎞ 떨어진 고향 앞 쌍도(雙島) 갯바위에서 해루질하다가 정말 우연히 발견하여 회수한 적도 있었다. 싱킹 바이브레이션 루어가 폐그물이나 통발 줄에 걸려서 이동한 것인지 이해가 되질 않았다.

갯바위 물 칸에 넣어 놓았던 물고기가 탈출한 일도 있었다. 7~8년 전 아카시아 꽃이 피던 5월 중하순 무렵이었다. 어슴푸레한 새벽, 친구와 자주 다니는 ○○○갯바위에서 감성돔 낚시를 했었다. 친구는 30여m 떨어진 오른쪽 갯바위에서 찌낚시를 하고, 나는 왼쪽 갯바위에서 원투낚시를 했었다. 한두 시간 낚시했을까? 운 좋게 4짜 중후반 되는 감성돔 입질을 받고 랜딩을 해서 낚시 자리 옆 갯바위 물 칸에 넣어 놓았다.

이후 30여 분 낚시했나? 피딩 타임도 지나고 입질이 없어서 그만 낚싯대를 접을까 생각하고 있던 참이었다. 때마침 옆 갯바위에서 찌낚시를 하던 친구가 일찍 낚싯대를 접고 나오면서 갯바위 물 칸에 넣어둔 감성돔 얼굴을 한번 보자고 했다.

이때 황당한 일이 일어났다. 그러니까 낚싯대를 접기 전, 낚시할 때까지 잔잔하던 바다에 갑자기 난데없는 너울 파도가 일어났다. 뒤이어 큰 너울 파도가 갯바위를 타고 올라와 낚시 자리 옆 물 칸을 덮쳤다. 바닷물이 거세게 갯바위 물 칸으로 밀려 들어오는 순간 불길한 예감이 들었지만, 감성돔이 물 칸 밖으로 빠져나가지 못하게 돌멩이로 입구 쪽을 막아 놓아서 크게 걱정은 하지 않았다.

잠시 후 바닷물이 갯바위 물 칸으로 밀려 들어왔다 빠져나갈 때 혹시나 하고 갯바위 물 칸을 쳐다보자 입구 쪽 갯바위에 뭔가 시커먼 물체가 걸쳐있었다. 뜰채로 건져 올려보고 싶었지만 마침 철수하려고 뜰채를 접던 중이라서 건져 올릴 수가 없었다.

바닷물이 빠져나간 뒤 뜰채를 접고 갯바위 물 칸을 살펴보자 감성돔이 탈출했는지 보이지가 않았다. 내 물고기가 안 되려고 그랬었는지 바닷물이 갯바위 물 칸으로 밀려 들어왔다 빠져나갈 때 감성돔도 바닷물과 함께 갯바위 물 칸을 빠져나갔던 것이었다.

그런데 아무리 생각해도 이해가 되질 않았다. 방금 낚시할 때까지 호수같이 잔잔하던 바다에 왜 난데없는 너울 파도가 일어나고, 또 바닷물이 2~3m 떨어진 위쪽 갯바위 물 칸까지 어떻게 밀려 올라왔는지 도무지 이해가 되지 않았다. 용왕님이 얼치기 낚시꾼한테 낚인 불쌍한 감성돔을 구하려고 그랬는지 한동안 이해할 수 없었다.

이해할 수 없는 황당한 일이 또 있었다. 초보 때였다. 어느 날 발전소 배수구 앞 홈통 갯바위에서 낚시했었다. 한 시간 정도 낚시했을까? 중날물 무렵 4짜 후반 정도 되는 손님 고기 농어를 낚아시 위쪽 갯바위 물 칸에 넣어 둔 뒤 홈통 아래쪽 갯바위로 내려가서 30여 분 낚시했는데 입질이 없었다. 바닷물도 많이 빠지고 입질이 없어서 낚싯대를 접고 철수하려고 농어를 넣어둔 위쪽 갯바위 물 칸으로 갔다.

이상하게 물 칸에 넣어 둔 농어가 보이지 않았다. 농어가 아래쪽 갯바위나 옆 갯바위 쪽으로 튀어 나갔나 하고 물 칸 주변을 살펴보았지만 어디로 갔는지 보이지가 않았다. 한동안 주변 갯바위를 둘러보았는데 도무지 어디로 사라졌는지 농어가 없었다.

4~5분 찾았을까? 혹시나 하고 갯바위 물 칸에서 2~3m 떨어진 테트라포드 아래쪽을 살펴보자 난데없는 서생원 두 마리가 농어를 먹고

있었다. 얼른 서생원들을 쫓아내고 농어를 살펴보자 꼬리 부분을 제법 갉아먹었었다. 꺼림칙해서 5짜 가까운 농어를 바다에 버렸는데 이해가 되질 않았다. 겨우 주먹만 한 서생원이 갯바위 물 칸에 있는 1㎏ 가까이 나가는 5짜 농어를 2~3m 떨어진 테트라포드 아래까지 끌고 가서 먹는지 도무지 이해할 수가 없었다.

♣ 낚시꾼이 반나절만 다녀오겠다고 말하면,
그것은 12시간을 말하는 것이다.

-폴 퀸네트-

일찍 낚시를 배웠더라면

몇 해 전 인터넷 ○○낚시 사이트에서 전국 낚시인 1,386명을 대상으로 낚싯대와 릴, 뜰채, 구명조끼 등 '제대로 된 낚시 장비를 갖추고 본격적으로 낚시에 빠지기 시작한 나이'를 설문 조사했다.

제일 많은 1위는 31세에서 35세까지로 25.7%(365명)이었고, 두 번째는 26세에서 30세까지로 22.2%(308명), 세 번째는 20세 이전으로 19.7%(273명)이었다. 네 번째는 21세에서 25세까지로 12.3%(170명)이었고, 다섯 번째가 36세에서 40세까지 10.7%(148명), 여섯 번째는 41세에서 45세까지로 5.5%(76명), 마지막으로 45세 이후는 4%(55명)가 나왔다. 그럼 쉰 살 즈음에 낚싯대와 릴, 뜰채, 구명조끼 등 제대로 된 낚시 장비를 갖추고 본격적으로 낚시에 빠지기 시작한 사람은 몇 명이나 될까?

지난 2004년 우리 나이 쉰 살, 하늘의 뜻을 안다는 지천명(知天命)의 나이에 낚시를 배웠다. 만약 다른 낚시인들처럼 서른 살이나 한창 동양화 공부에 빠져 지내던 서른 중반 즈음에 낚시를 배웠다면 내 인생이 많이 달라졌을 것이다. 아니 불혹(不惑)의 나이 마흔 살, 그러니까 10년 정도만 일찍 낚시를 시작했더라면 아마 지금보다 훨씬 여유로운 삶을 살고 있을 것이다. 생각할수록 낚시를 늦게 배운 게 아쉽기만 하다.

♣ 낚시에는 내 마음을 평온하게 하는

그 무언가가 분명히 있다.

-워싱턴 어빙-

출조일지(出釣日誌)

　찌낚시든 원투낚시든, 선상 낚시든 워킹 루어낚시든 출조(出釣) 다녀오면 대상어(對象魚) 조과물(釣果物)이 있건 없건 출조일지를 작성한다. 지난 2008년부터 17년째 출조일지를 작성하고 있는데 주요 내용은 출조지(出釣地)의 풍향과 풍속 등 날씨와 간만조(干滿潮) 시각, 파고와 수온, 물색과 조류(潮流) 등 바다 상황을 기록하고, 낚고자 하는 대상어 조과물과 사용했던 낚시채비, 낚시 시간, 조과물의 입질 시각과 입질 포인트 등을 기록한다.

　여기에 요즘 즐겨 다니는 워킹 농어 루어낚시의 경우 입질 받은 루어, 미노우나 바이브레이션. 지그헤드 등 루어 종류와 색상을 기록하고, 기타 및 특이 사항으로 히트 후 실랑이 도중 바늘털이 당하고, 수중여나 폐그물, 통발 등 물속 장애물에 걸려서 분실한 루어도 기록한다. (브랜드가 있는 고가의 바이브레이션 루어 등 물에 가라앉는 싱킹 루어는 바닷물이 많이 나가는 사리 물때에 분실했던 루어를 찾아오기도 한다)

출조일지를 작성하는 이유는 데이터에 의한 계획적이고 효율적인 낚시를 하기 위해서이다. 출조일지를 기록하면 바람과 파도, 수온과 조류 등 바다 상황과 장르별, 어종별 낚시채비와 포인트별 입질 수심(水深)과 입질 시각, 입질 지점 등을 파악할 수 있어서 낚고자 하는 대상어 조과율(釣果率)도 향상되어 보다 재미있고 즐거운 낚시를 할 수 있기 때문이다.

(출조 일지)

출조일: 2022년 11월 2일.

출조지: ㅁㅁㅁ 갯바위.

물때: 무시.

만조시각: 09시 03분(조위/454m)

간조시각: 03시 42분(조위/242m)

풍향: 북/북동(북/북서)

풍속: 4~8(m/s)

파고: 0.5~1.0(m)

수온: 15.5℃(15.9℃)

바다 상황: 바람 약간, 파도 적당하게 살랑거림, 물색 보통, 조류 미약, 수온 적당.

낚시 시간: 05시 55분~07시 50분.

조과 및 특이 사항

(조과)

- 6시 20분경 좌측 갯바위 가운데 수중여 부근에서 40cm급 깔따구(40cm 안팎 되는 농어) 입질 후 릴링 도중 바늘털이.
- 6시 40분 오른쪽 갯바위(간출여)로 포인트 이동, 6시 45분경 11시 방향 수중여 앞에서 농어 60cm 히트 후 랜딩, 6시 50분경 11시 방향 수중여 옆에서 81cm 따오기 히트하여 2~3분 실랑이를 한 뒤 랜딩, 20여 분 뒤 79cm 농어 히트하여 2~3분 실랑이 후 랜딩, 7시 30분경 50cm 농어 히트 후 랜딩.

(낚시채비)

합사: 1.2호(쇼크리더: 5호)
루어: 싱킹 바이브레이션 15g(마리아 슬라이스 코튼캔디 외 3), 플로팅 미노우 22g(마리아 스쿼시 투명 차트 외 2).

(기타 특이 사항)

- 오른쪽 갯바위(간출여)로 포인트 이동 중 낚싯줄이 갯바위에 걸려서 아끼는 바이브레이션(마리아 슬라이스 15g 코튼캔디) 루어 손실.
- 초들물 이후 중들물 무렵 낚시 자리 30~40m 앞쪽에 조류가 좌측에서 오른쪽으로 흐르고, 파도가 적당하게 살랑거림.

♣ 낚시의 첫 번째 규칙은 물고기가 있는 곳에서 낚시하는 것이고,

두 번째 규칙은 첫 번째 규칙을 잊지 않는 것이다.

-찰리 멍거-

6천 원의 행복

요즘 들어 집에서 가까운 낚시터에서 낚시를 즐기고 있다.

냉각수(冷却水)가 지나는 발전소 배수구 앞 갯바위와 주변 테트라포드에서 물고기를 불러모으는 밑밥 없이 낚싯대와 미끼 하나로 낚시인들이 선망하는 삼성돔과 바늘털이 농어, 손님 고기 광어와 우럭, 숭어, 학꽁치 등을 낚고 있다. 집에서 낚시터까지 자동차 기름값 4~5천 원, 미끼값(각 크릴 1/2개) 1,500원, 도합(都合) 6천 원으로 가슴설레는 낚시, 행복한 낚시를 하고 있다.

－자전 에세이 『행복한 백수』 중에서－

> 낚시는 사랑을 나누는 것과 아주 비슷해서,
> 직접 해 봐야 만족감을 안다.
>
> －폴 퀸네트－

물고기 이름 '치'와 '어'

한국어 도보(韓國魚 圖譜)에 따르면 물고기 종류에는 '치'와 '어'로 끝나는 이름이 많다고 한다. '치'로 끝나는 물고기 이름이 18.2%로 가장 많고, '어'로 끝나는 이름이 16.4%로 두 번째로 많다고 한다. 세 번째가 '리'로 끝나는 물고기 이름이 9.98%이고, '기'로 끝나는 이름은 7.8%로 네 번째로 많고, 다섯 번째가 '돔'으로 끝나는 물고기 이름이 7.57%라고 한다. 이밖에 '이', '대', '미', '둑', '복'으로 끝나는 이름순이라고 한다.

순우리말 한글로 지어진 이름인 '치'로 끝나는 대표적인 물고기는 참치, 삼치, 갈치, 산갈치, 동갈치, 자갈치, 먹갈치, 넙치, 별넙치, 보구치, 날치, 멸치, 꽁치, 학꽁치, 쥐치, 실치, 준치, 개복치, 게르치, 꼼치, 미역치, 독가시치, 베도라치, 어름치, 가물치, 누치, 모치, 살치, 버들치, 한치, 돛새치, 청새치, 황새치 등이 있다.

한자(漢字) '어'(魚)로 끝나는 물고기는 숭어와 민어, 농어, 방어, 다랑어, 홍어, 상어, 병어, 뱅어, 고등어, 전어, 청어, 능성어, 망상어, 황어,

복어, 장어, 짱뚱어, 문어, 오징어, 송어, 연어, 은어, 붕어, 잉어, 산천어, 임연수어, 열목어, 향어, 웅어, 빙어 등이 있다.

'치'와 '어'로 끝나는 물고기의 차이는 '어'는 비늘이 있고, '치'는 비늘이 없다. 또 '어'는 귀한 생선이어서 예로부터 제사상에 올라가는 생선이고, '치'는 싸고 흔한 생선이다.

비늘만으로 '치'와 '어'를 구분하기에는 멸치와 학꽁치처럼 비늘이 있는 물고기도 있어서 꼭 정확하다고 볼 수 없다. 그리고 숭어와 고등어, 전어 등 싸고 흔한 생선도 있고, 참치와 삼치, 넙치, 갈치같이 비싼 물고기도 있다.

순우리말 물고기는 '치'만 있는 게 아니라 '이'와 '리' 등도 있다. '이'는 전갱이, 밴댕이, 쏨뱅이, 매퉁이, 씬벵이, 강달이, 만득이, 군평선이, 황줄깜정이 등이 있고 '리'는 도다리, 가오리, 정어리, 붉바리, 다금바리, 자바리, 부시리, 백상아리, 벤자리, 흰동가리, 양미리, 까나리, 쏘가리,

매가리, 송사리, 미꾸리, 퉁가리, 동사리, 쉬리, 끄리 등이 있다.

네 번째로 많은 '기'로 끝나는 물고기는 조기, 수조기, 참조기, 백조기, 열기, 삼세기, 만새기, 놀래기, 꼴뚜기, 메기, 가시고기, 달고기, 꺽저기 등이 있고, 다섯 번째로 많은 '돔'으로 끝나는 이름은 '돔'류 감성돔, 참돔, 벵에돔, 돌돔, 강담돔, 호박돔, 백미돔, 붉돔, 비늘돔, 쥐돔, 돗돔, 혹돔, 옥돔, 황돔, 자리돔, 어름돔, 동갈돗돔 등이 있다.

'미'로 끝나는 물고기는 가자미류와 노래미류가 있고 이 밖에 피라미와 주꾸미, 쏙기미 등이 있다. '대'로 끝나는 이름은 서대, 박대, 성대, 횟대 등이 있고, 둑은 문절망둑, 풀망둑 등 망둑어류이고, 복은 자주복, 참복, 졸복, 밀복, 황복, 까치복 등 복어류가 있다.

♣ 낚시한 하루는
인생에서 영원히 지워지지 않는다.

-폴 퀸네트-

낚시광 남편과 바람난 마누라

낚시를 무척 좋아하는 낚시광 남자가 있었다.

남자는 주말만 되면 날씨가 어떻든 상관없이 낚시하러 다녔다.

춥고 비가 오는 어느 일요일 새벽,

낚시광 남자가 낚시하러 떠났다가 호우 주의보로 인해서 몇 시간 뒤 다시 집으로 되돌아왔다.

집에 돌아온 낚시광 남자가 침실로 들어가서

옷을 벗고 이불 속 부인 옆으로 다가가서 속삭였다.

"오늘 날씨 정말 끔찍하다."

그러자 부인이 대답했다.

.

.

.

"그래요? 그런데도 멍청한 우리 남편은 낚시하러 갔어요!"

즐낚

10여 년 전 인낚(인터넷 바다낚시) 활동을 할 때 인낚 사이트에 조황(釣況)이나 조행기(釣行記) 등을 올린 뒤 다른 낚시인들의 댓글이 있으면 답글로 "어복(魚福) 충만하시고 언제나 즐낚, 안낚하시기 바랍니다."라고 감사 인사를 했었다.

낚시인들이 소망하는 '즐낚', 즐거운 낚시를 하려면 낚시할 수 있는 도구, 낚싯대와 릴과 뜰채, 구명조끼, 낚시신발, 낚시가방과 찌와 루어 등 낚시 장비가 필요하고, 낚시를 즐길 수 있는 낚시터가 있어야 한다.

여기에 장르별, 어종별로 다양한 채비법과 낚시 방법을 알아야 하고, 마지막으로 낚시의 목적물, 감성돔이나 참돔, 농어 등 대상어(對象魚) 조과(釣果)에 연연하지 않아야 한다.

먼저 낚시하려면 낚싯대와 릴, 뜰채, 구명조끼, 낚시신발, 모자와 장갑, 낚시가방, 낚싯줄, 낚싯바늘, 찌와 루어 등 낚시 장비가 있어야 하는데 낚시인들이 소망하는 '즐낚'을 하려면 제대로 된 낚시 장비를 갖춰야 한다. 물론 낚싯대와 릴, 뜰채 등 장비가 좋다고 물고기가 잘 물어 주는 것은 아니지만 그래도 어느 정도 상급 수준의 낚싯대와 릴, 뜰채 등 낚시 장비가 있어야 한다.

싼 게 비지떡이라고 아무래도 저가의 낚싯대와 릴은 무겁고 둔탁해서 낚시하기도 힘들고, 감성돔이나 농어 등 대상어를 히트하여 파이팅을 할 때 손맛을 제대로 즐길 수 없다. 반면에 고가의 낚싯대와 릴은 가벼워서 낚시하기 편한 데다가 릴링 감도 부드럽고 탄성이 좋아서 손맛을 제대로 느낄 수가 있다. (무겁고 둔탁한 저가의 낚싯대와 릴, 뜰채 등을 사용하다 보면 얼마 뒤 가볍고 탄성이 좋은 고가의 낚싯대와 릴, 뜰채 등으로 바꾸게 되어 불필요한 지출이 늘어나게 된다)

골프와 더불어 바다낚시는 돈이 많이 들어가는 취미이다. 이왕 돈 들어가는 취미 활동을 하려면 낚싯대와 릴, 뜰채, 구명조끼, 낚시가방과 낚시신발, 모자와 장갑 등 제대로 된 낚시 장비를 갖추고 즐기는 낚시를 해야 한다.

낚시 장비에 이어 낚시를 즐길 수 있는 갯바위나 방파제(또는 방조제) 등 낚시터가 필요하다. 주말이나 국경일 등 공휴일은 물론 평일에도 마음 내키면 언제든 훌쩍 다녀올 수 있는 나만의 낚시터가 있어야 한다.

동해안이나 남해안과 달리 조수 간만차가 크고 수심(水深)이 얕은 서해권에는 낚시할 수 있는 갯바위나 방파제가 많지 않지만 잘 찾아보면 낚시터를 발굴할 수 있다. 낚시터가 많으면 좋겠지만 자동차로 한두 시간 거리에 언제든 낚시를 즐길 수 있는 낚시터가 서너 군데 정도 있으면 좋다.

다음은 장르별, 어종별로 다양한 채비법과 낚시 방법을 알아야 한다. 알아야 면장(免牆)을 한다고 낚시인은 선망하는 감성돔이나 참돔, 농어, 광어, 갑오징어, 주꾸미, 한치 등 대상어를 낚을 수 있는 자신만의 낚시 노하우가 있어야 낚시를 즐길 수가 있다.

마지막으로 즐기는 낚시를 하기 위해서는 낚시의 목적물인 대상어 조과에 연연하지 않아야 한다. 20년 전 처음 낚시를 배우던 초보 때는 감성돔이나 농어 등 낚고자 하는 대상어도 없었고, 조과가 없어도 좋았다. 탁 트인 바다에서 상쾌한 바닷바람을 쐬고 갈매기와 고기잡이배 등 주변 풍광을 보며 낚시하는 것이 좋았다.

2~3년이 지나고 장르별, 어종별로 다양한 낚시 기법을 배우게 된 뒤로는 나도 모르게 대상어 조과를 생각하게 되었다. 낚시 환경이 열악한

서해 중부권 도보 낚시터에서 감성돔이나 농어 등 대상어 조과에 연연하다 보니 즐거워야 할 낚시가 힘들고 피곤한 낚시가 되고 말았다.

그래서 요즘에는 낚시의 결과물, 감성돔이나 농어 등 대상어 조과에 연연하지 않고 출조 준비에서부터 마무리까지 낚시의 모든 과정을 즐기고 있다. 낚시가기 전 출조지(出釣地) 풍향과 풍속 등 날씨와 물때, 수온과 파고 등 바다 상황을 확인한 후 설레는 마음으로 낚싯대와 릴, 뜰채, 구명조끼, 낚싯줄과 찌, 루어 등 출조 채비를 한다.

집을 나서면 낚시하러 오가는 길에 산과 들과 꽃과 나무 등 주변 경관을 구경하고, 갯바위에 서면 가없는 바다와 조류(潮流)를 타고 흘러가는 찌를 보며 대물(大物)이 입질하는 행복한 상상을 한다.

네댓 시간 가슴 설레는 낚시를 마치고 운 좋게 대상어 조과가 있으면 인증 사진을 찍고, 집에 오면 다음 출조를 위해서 또다시 즐거운 마음으로 낚싯대와 릴 등 낚시 장비를 손질하고, 출조일지(出釣日誌)와 조행기(釣行記)를 작성한다. 여기에 낚시터 주변 풍광과 조과물(釣果物) 사진 등을 인터넷 낚시 사이트와 페이스북, 카카오톡 등 SNS에 올리기도 한다.

일상의 스트레스를 해소하고, 삶의 활력을 높여주는 레저 활동인 낚시를 즐기기 위해서는 낚싯대와 릴, 뜰채, 구명조끼와 낚시신발과 모자, 장갑, 선글라스 등 제대로 된 낚시 장비를 갖춘 다음 장르별, 어종별로 다양한 낚시 방법을 익히고, 마음 내키면 언제든 훌쩍 다녀올 수 있는 나만의 낚시 포인트를 발굴해야 한다.

여기에 낚시의 목적물인 감성돔이나 참돔, 농어 등 대상어 조과에 대한 욕심을 버리고, 출조 준비에서부터 낚시하러 집을 나서면 오가는 길에 산과 들과 꽃과 나무 등 주변 풍광도 둘러보고, 낚시를 마치고 집에 오면 낚싯대와 릴, 뜰채 등 낚시 장비를 손질하고, 출조일지와 조행기를 쓰고 인터넷 ㅇㅇ낚시 사이트와 페이스북, 카카오톡 등 SNS 활동까지 낚시의 모든 과정을 즐기는 '즐낚'을 해야 한다.

♣ 만약 낚시가 일에 방해된다면

일을 포기하라.

-스파스 그레이 하클-

조율(釣率)

　원도권(遠島圈)과 내만권(內灣圈), 갯바위와 선상(船上), 찌낚시와 원투낚시, 워킹 루어낚시 등 출조(出釣) 지역과 낚시 장르, 대상 어종과 낚시인의 실력에 따라 차이가 있겠지만 조수(潮水) 간만(干灣)의 차이가 큰 데다가 수심(水深)도 얕고 낚시 환경이 열악한 서해 중부 내만권 갯바위와 방파제에서 낚시인들이 선망하는 감성돔이나 바늘털이 농어 등 대상어(對象魚)를 낚을 수 있는 조율(釣率)은 40~50%, 그러니까 열 번 출조하면 네댓 번 정도 대상어를 낚을 수 있는 조율이 적당하다고 본다.

　조율이 40%~50%보다 높아지면 감성돔이나 참돔, 농어 등 대상어를 기다리는 즐거움이 줄게 될 것이고, 반대로 대상어 조율이 낮아지면 낚시하는 집중력이 떨어져서 힘들고 피곤한 낚시가 될 것이다. 40~50%의 대상어 조율에다 광어, 삼치, 우럭, 노래미 등 손님 고기가 10~20% 기다리는 즐거움이 줄게 될 것이고, 반대로 대상어 조율이 재미있는 낚시가 될 것이다.

아쉽게도 지난 2004년부터 20여 년 동안 서해 중부 내만권 도보 낚시터에서 5만 시간 이상 낚시했는데 감성돔 조율은 25%가 되지 못하고, 요즘 즐겨 다니고 있는 워킹 농어 루어낚시도 30% 정도밖에 되지 않는다. 가을철 손님 고기인 삼치는 40~50% 정도이고, 광어와 우럭, 풀치 등 조율은 20%를 채 넘지 않는다.

♣ 나는 물고기를 잡지 못했던 조행(釣行)도 있었지만,

후회 없었고, 행복했었다.

-로더릭 헤이그-

2부
행복하게 하는 것들

낚시배낭 어디 갔지?

이런저런 생각에 자정 무렵까지 엎치락뒤치락하다가 네댓 시간 눈을 붙였나, 핸드폰 알람 소리에 비몽사몽 자리에서 일어나 낚시가방과 배낭을 둘러메고 아파트를 나선다. 어슴푸레한 새벽, 동백정(冬栢亭) 주차장에 도착해서 냉각수(冷却水)가 배출되는 발전소 배수구 주변을 둘러본 뒤 낚시가방과 배낭을 메고 배수구에서 10여 m 떨어진 테트라포드로 들어갔다.

테트라포드 위쪽 편평한 자리에 배낭과 낚시가방을 정리하고 농어 루어낚시 채비를 한 뒤 테트라포드를 오가며 열심히 캐스팅했다. 농어 낚시의 황금 물때인 새벽 만조시각, 발전소 배수구에서 냉각수도 배출되고, 파도도 적당하고, 사리 때라 조류(潮流) 흐름이 좋아서 내심 대상어(對象魚) 입질을 기대했지만, 농어가 들어오지 않았는지 입질 한 번 받지 못했다.

두어 시간 낚시했나? 만조 물돌이 시간이 지나고 초날물이 끝나갈 무렵 조류 방향도 바뀌고 바닷물이 많이 빠져서 루어낚싯대를 접고 감성돔 찌낚시를 하려고 배수구 옆에서 찌낚시하고 있는 젊은 친구에게 "몇 시부터 낚시했느냐, 손맛은 봤느냐?" 묻자, 4시쯤 와서 "감성돔 한 마리 낚았다."라고 했다.

루어낚싯대를 차에 갖다놓고 찌낚싯대를 들고 배수구 앞 홈통 갯바위로 들어갔다. 홈통 갯바위에서 감성돔 찌낚시 채비를 하고 낚시했다. 한 시간 정도 낚시했을까? 복어 새끼 성화 때문인지 냉각수 거품 때문인지 아무튼 입질도 없는데 언제 왔는지 초보 낚시꾼이 옆에서 채비를 걸어대는 바람에 낚싯대를 접었다.

감성돔 낚시를 끝낸 뒤 자동차 트렁크에 낚시가방과 배낭을 실었다. 차를 타기 전 화장실에 들러 손을 씻고, 낚시배낭에서 음료수를 꺼내 마신 뒤 차를 타고 집으로 향했다. 동백정 주차장에서 발전소 정문 앞까지 200여 미터 운행해 왔을까? 자동차 창문을 닫았는데도 바람 소리가 유별나게 들렸다. 의아한 생각이 들었지만, 대수롭지 않게 생각하고 운행을 하는데 발전소 직원들의 차가 지나갈 때마다 바람 소리가 크게 들렸다. 그렇게 발전소 굴다리를 지나서 200~300m 운행해 왔을 무렵 이상한 느낌에 핸들 옆 계기판과 백미러를 보자 자동차 트렁크 리드가 위로 활짝 열려있었다.

내도둔 해양박물관 앞 갓길에 차를 세우고 생각해보니 동백정 주차장에서 출발하기 전, 자동차 트렁크에 있던 낚시배낭에서 음료수를 꺼내 마신 뒤 트렁크 리드를 닫지 않고 운행을 했었다. 별다른 생각 없이 트렁크 리드를 닫고 운행을 했다.

20여 분 뒤 아파트 주차장에 도착해서 낚시가방과 배낭을 내리려고 자동차 트렁크를 열자 "어?! 낚시배낭이 어디 갔지?" 낚시가방과 살림통은 있는데 배낭이 보이지 않았다. 잠시 뒤 낚시배낭이 없어진 사유를 알았다. 원인은 동백정 주차장에서 해양박물관 앞까지 자동차 뒤 트렁크 리드를 닫지 않고 운행할 때 낚시배낭이 트렁크 밖으로 떨어진 것 같았다.

낡고 허름한 배낭이지만, 그 안에는 새로 산 60만 원이 넘는 값비싼 스텔라 릴에 예비 릴과 보조 스풀, 카메라와 편광 안경, 찌, 루어낚시

보조 가방과 미노우, 바이브레이션 루어 등 오랜 손때가 묻은, 200만 원이 넘는 낚시 장비들이 들어있는데, 곧바로 동백정 주차장으로 차를 돌렸다.

감시 카메라가 없는 신호는 무시하고, 2차선 국도에서 시속 100㎞가 넘는 속도로 앞서가는 차들을 추월해가면서 빠르게 차를 몰았다. 운전하는 중에 별별 생각이 다 들었다. 낚시배낭이 도로에 떨어졌다면 지나가는 차들이 낚시배낭을 치받고 지나가서 카메라와 릴이 훼손되지 않

앉을까?

또 낚시배낭이 동백정 주차장 인근에 떨어졌다면 다른 낚시꾼이나 관광객들이 배낭 안에 들어있는 카메라와 스텔라 릴, 선글라스 등 낚시 장비를 보고 배낭을 가져가지 않을까? 만약 낚시배낭을 찾지 못하면 카메라에 저장된 수많은 사진은 어떻게 하고, 카메라와 선글라스, 스텔라 릴과 보조 스풀 등 낚시 장비는 또 어떻게 사야 하나, 오만가지 생각이 들었다.

종천과 비인을 지난 뒤 배다리 저수지 커브 길을 돌아갈 무렵 앞서가는 차들이 왜 그렇게 느리게 가던지, 앞이 보이지 않는 커브 길이라 앞선 차들을 추월하지도 못하고 1~2㎞쯤 뒤따라갔을까? 신합리를 지나 남촌과 부사방조제 분기점에서 앞선 차들을 추월한 뒤, 트렁크 리드를 닫지 않고 운행을 했던 내도둔 해양박물관 앞에서부터 서행해 가며 도로에 배낭이 떨어져 있는지 살펴보았다.

낚시배낭이 어디에 떨어졌는지 보이지 않았다. 발전소 굴다리를 지나 동백정 주차장에 오자 다행히 배수구와 홈통 갯바위에서 찌낚시를 하던 낚시꾼들 차량 두 대가 그대로 있었다. 서둘러 주차했었던 발전소 외곽건물 주변과 주차장을 둘러보았다.

어디에도 낚시배낭이 없었다. 혹시 배수구 앞 홈통 갯바위에서 감성돔 찌낚시를 하고 나올 때 낚시배낭을 갯바위에 두고 오지 않았나? 하는 생각에 낚시했던 홈통 갯바위 주변도 살펴보았지만, 배낭이 보이지가 않았다.

동백정 주차장과 발전소 외곽 공터 주변을 두세 번 둘러본 후 차를 타기 전, 배낭에 있던 생수병을 꺼내 마신 생각이 나서 다시 차를 타고 트렁크 리드를 닫지 않고 운행을 했던 해양박물관 입구까지 또 한 번 서행해 가면서 도롯가 주변을 살펴보았다. 그새 누가 주워갔는지 배낭이 보이지 않았다.

또다시 동백정 주차장으로 향했다. 올봄 딸과 집사람이 준 회갑기념 축하금으로 산 릴인데, "낚시배낭을 누가 주워갔을까? 발전소 정문에 있는 청경한테 도로에 떨어져 있는 배낭을 보았는지 물어볼까?" 이런저런 생각을 하며 또 한 번 주차장 주변을 살펴보았다.

동백정 주차장과 발전소 외곽건물 주변을 서너 번 둘러봐도 낚시배낭이 보이지 않았다. 답답한 마음에 자동차 트렁크에 있는 살림통 뒤쪽이나 그 안에 들어있는지 살펴보고, 혹시 자동차 뒷좌석 의자 밑에 떨어져 있는지 확인해 보았지만, 낚시배낭이 없었다.

동백정 주차장은 물론 처음 주차했던 발전소 외곽 공터와 도로 주변을 네댓 번 둘러본 후 "카메라와 스텔라 릴 등 200만 원이 넘는 낚시장비를 잃어버렸으니 오늘 하루 돈을 단단히 벌었구나!" 낚시배낭 찾기를 포기하고 허탈한 심정으로 주차장 옆 발전소 외곽건물 쪽을 바라보자 아! 사무실 2층으로 올라가는 계단 아래쪽에 낯익은 배낭이 눈에 띄었다.

순간 눈이 번해서 사무실 계단 쪽으로 뛰어가 보자 그곳에 낡은 낚시배낭이 있었다. 반갑고 고마운 마음에 2층 사무실에 올라가서 근무하고 있는 직원을 불러 낚시배낭 얘기를 하자 도로 옆 공터에 떨어져 있었다고 했다. 통성명하고 수인사를 나눈 뒤 사례(謝禮)하겠다고 하자 한사코 사양했다. 낚시배낭을 보관해 준 발전소 직원에게 여러 번 고맙다는 인사를 하고 집으로 왔다.

요즘 이런저런 일로 머리가 복잡해서 그런지 아무튼 별 희한한 일을 다 겪었다. 지난 16년 동안 자동차를 운행하면서 차 문을 덜 닫고 한두 번 운행해 보았지만, 오늘처럼 트렁크 리드를 위로 활짝 열어놓고 운행한 적은 한 번도 없었다. 그리고 일을 당하려고 그랬는지 해양박물관 앞에서 트렁크 리드를 닫을 때 낚시배낭이 없어진 것을 왜 발견하지 못했었는지 이해가 가지 않는다.

그러나저러나 주차장 옆 공터에 떨어진 낡은 낚시배낭을 사무실 옆에 보관해 준 발전소 직원이 너무도 고맙다. 만약 관광객이나 다른 낚시꾼들이 낚시배낭을 발견했더라면 값비싼 스텔라 릴과 보조 스풀 등 낚시 장비와 카메라를 영영 찾을 수 없었을지도 모를 일이다. 다시 한 번 고맙다는 감사 인사를 전한다.

♧ 만약 당신이 한 시간의 행복을 원한다면 낮잠을 자라.

만약 당신이 하루의 행복을 원한다면 낚시를 가라.

-중국 속담-

기록 고기

민물낚시든 바다낚시든 낚시에 입문하여 어느 정도 조력(釣歷)이 쌓이면 누구나 대물(大物)을 낚는 꿈을 꾼다. 민물낚시꾼은 월척(越尺/30.3cm) 붕어 낚는 꿈을 꾸고, 감성돔 낚시꾼은 50cm가 넘는 대물 감성돔을, 농어 낚시꾼은 80cm가 넘어가는 농어(일명 따오기)를 낚는 꿈을 꾼다.

누구 말마따나 전생에 나라를 구했는지 어복(魚福)이 많아서인지 아무튼 조수(潮水) 간만의 차가 큰 데다가 수심(水深)이 얕고 낚시 환경이 열악한 서해 중부 내만권(內灣圈) 도보 낚시터에서 20여 년 동안 운 좋게 낚은 내 인생의 기록 고기, 최대어는 낚시 입문 10년째 되던 2014년 6월 15일 냉각수(冷却水)가 지나는 발전소 배수구 앞 홈통 갯바위에서 꿈에 그리던 61cm 감성돔을 낚고, 농어 루어낚시 입문 2년째인 2016년 8월 23일 발전소 배수구 옆 테트라포드에서 농어 낚시꾼의 로망인 1m 대물 농어를 낚았다. 이 밖에 넙치(광어) 65cm, 삼치 54cm, 조피볼락(우럭) 38cm, 노래미 36cm를 낚았다.

참고로 우리나라 낚시꾼들이 제주도와 추자도, 가거도 등 먼바다 원도권(遠島圈)에서 낚은 바다낚시 최대어는 감성돔 68cm, 참돔 107cm, 돌돔 71.5cm, 농어는 122cm, 삼치 125cm, 넙치(광어) 99cm, 조피볼락(우럭)은 67cm, 쥐노래미 59cm이다.

♣ 낚시꾼이 가장 먼저 터득해야 하는 교훈 가운데 하나는 잔챙이가 노는 곳이 어디인지를 알아내고 그런 곳들을 피하는 것이다.

-찰스 브룩스-

낚시꾼 부인 B

가정주부 B 씨는 한밤중 화장실에 들어갔다가 너무 놀라서 기절할 뻔했다. 화장실 문을 열자 깜깜한 욕조에서 시퍼런 도깨비불이 빛나고, 그 앞에 검은 그림자의 사내가 웅크리고 앉아 있었다.

B씨가 놀라서 비명을 지르자 한 손에 낚싯대를 든 사내가 화장실 욕실에서 어슬렁어슬렁 걸어 나왔다. 깜짝 놀란 B씨가 쳐다보자 남편이었다.

낚시광인 B 씨의 남편이 낮에 저수지에서 낚아온 향어를 욕조에 넣고 깜깜한 화장실 욕실에서 케미컬 라이트(낚시찌에 끼우는 조명 도구)를 켠 채 밤낚시를 하고 있었던 것이었다.

낚시꾼 아내 B 씨는 남편의 낚시 기벽(奇癖)을 말리기 위해서 온갖 방법을 다 동원해 보았지만 별다른 효과를 보지 못했다.

♧ 기다릴 줄 알라. 낚시란 때가 올 때까지 기다리는 것이다.

전투낚시

낚시하는 시간이 부쩍 짧아졌다. 몇 해 전까지만 해도 한 번 출조(出釣)하면 예닐곱 시간 이상 장시간 낚시했었는데 요즘에는 날씨와 물때 등 바다 상황에 따라 네댓 시간 낚시하고 있다. 사유는 장시간 낚시에 따른 체력적인 부담도 있지만, 물고기들이 먹이 활동을 하는 피딩 타임에 맞춰서 낚시하기 때문이다.

15년 전, 낚시를 배우던 초보 때는 날씨와 물때, 간만조(干滿潮) 시각 등 바다 상황과 상관없이 아침부터 오후 늦게까지 낚시했었다. 그때는 직장에 다니던 때여서 지금처럼 마음대로 낚시할 수 있는 여건과 시간이 부족했기 때문에 한 번 출조하면 기본이 대여섯 시간이고 조금 오래 낚시했다 하면 예닐곱 시간 이상 했었다. 또 한창 낚시에 빠져 있던 초보 시절에는 오전과 오후 하루 투타임 출조도 하고, 자리가 불편한 테트라포드에서 밤샘 야간 낚시를 하기도 했었다.

바다낚시를 배우고 몇 달이 되지 않은 초보 때였다. 어느 여름날 꽃쟁이 섬 인근 방조제로 난생처음 야간 낚시 출조를 했었다. 해가 지고 어둑어둑해진 9시쯤 집을 나와 아무도 없는 방조제에서 밤 10시 무렵부터 다음날 새벽까지 혼자 일곱 시간 넘게 야간 낚시를 했었다.

초보 때라 실력이 없어서 그랬는지 밤새 우럭 새끼 입질 한번 받지 못했는데 새벽 무렵 자리가 불편한 테트라포드에 쪼그리고 앉아서 낚싯대를 잡고 나도 모르게 꾸벅꾸벅 졸다가 깜짝 놀라 깨기도 했었다. 이후 한동안 야간 낚시를 하지 않았다. 시력이 부실하여 지형이 험한 갯바위나 발판이 불편한 테트라포드에서 야간 낚시하기가 힘들었기 때문이다.

어느 늦가을 무렵이었다. 여느 때처럼 냉각수(冷却水)가 지나는 발전소 배수구 앞 갯바위로 농어 루어낚시 출조를 했었다. 어슴푸레한 새벽, 홈통 앞 갯바위와 배수구 주변 테트라포드를 오가며 서너 시간 캐스팅했지만, 대상어(對象魚) 입질을 받지 못했다. 집에 와서 아쉬운 마음으로 낚싯대와 릴 등 낚시 장비를 손질하고 있는데 친구가 날씨와 물때가 좋다고 저녁 물때에 방조제로 야간 우럭 낚시를 하러 가자고 유혹을 했다.

친구 따라 강남 간다고 저녁 식사를 하고 어스름한 8시 무렵 친구와 꽃쟁이 섬 인근 방조제로 야간 우럭 낚시를 나갔다. 친구 말마따나 날씨와 물때가 좋아서 그런지 한 뼘 정도 되는 우럭과 개볼락이 심심치 않게 물어 주었다. 덤으로 40cm 안팎 되는 깔따구와 두지[二指] 반 풀치까지 입질해 주었다. 손님 고기와 잦은 우럭 입질에 시간 가는 줄도 모르고 친구와 다음날 새벽 무렵까지 낚시했었다.

방조제에서 예닐곱 시간 넘게 밤샘 낚시를 하고 어슴푸레한 새벽 무렵에야 낚싯대를 접었다. 얼마 뒤 친구와 자동차를 주차해 놓은 동백정 주차장에 나와서 냉각수가 배출되는 발전소 배수구를 보자 또다시 낚시하고 싶은 생각이 들었다. 그야말로 이심전심 의기투합, 둘이 죽이 맞아서 또 한 번 낚시하기로 했다. 친구는 배수구 앞 홈통 갯바위에서 감성돔 찌낚시하고, 나는 배수구에서 10여 미터 떨어진 테트라포드에서 농어 루어낚시를 했다.

한두 시간 낚시했을까? 홈통 갯바위에서 감성돔 찌낚시를 했던 친구는 별다른 손맛을 보지 못했는데 배수구 옆 테트라포드에서 루어낚시를 했던 나는 4짜 광어 세 마리와 두 뼘 정도 되는 삼치를 두세 마리 낚았었다. 이날 친구와 꽃쟁이 섬 인근 방조제와 냉각수가 배출되는 발전소 배수구 옆 테트라포드에서 열 시간 넘게 밤샘 낚시를 하고는 며칠 동안 출조도 못 하고 한동안 집에서 구들장 신세를 져야만 했다.

그 뒤 친구와 또 한 번 야간 낚시 출조를 했다. 5년 전 어느 늦가을, 날씨와 물때가 좋아서 친구와 방조제로 야간 우럭 낚시하러 갔었다. 어스름한 저녁 8시부터 자정이 훌쩍 지난 새벽 무렵까지 친구와 꽃쟁이

섬 인근 테트라포드에서 대여섯 시간 우럭 낚시를 했다. 이날도 한 뼘 안팎 되는 우럭과 돌볼락이 심심하지 않게 입질을 하고, 손님 고기 깔따구와 두지 반 풀치까지 낚이는 바람에 시간 가

는 줄 모르고 낚시를 했었다.

오전과 오후 하루 투타임 출조도 여러 번 했다. 한창 낚시에 빠져 있던 초보 때였다. 주말이나 국경일 등 쉬는 날이면 어슴푸레한 새벽에 냉각수가 지나는 발전소 배수구 앞 갯바위나 꽃쟁이 섬 인근 방조제로 출조해서 대여섯 시간 낚시하곤 했다. 대상어 조과(釣果)가 없는 날은 집에 와서 점심 먹고 또다시 밑밥을 준비하여 오전에 낚시했던 갯바위나 테트라포드에 들어가서 서너 시간 낚시했었다.

요즘에는 낚시와 해루질 투타임 출조를 자주 한다. 은퇴 후 별다른 소일거리 없이 낚시와 해루질을 즐기다 보니 바닷물이 많이 나가는 사리 때가 되면 새벽 만조 시간에 워킹 농어 루어낚시를 하고, 낚시가 끝나면 곧바로 집에 돌아와 식사하고 간조 시간에 맞춰 해루질하러 간다.

어슴푸레한 새벽 갯바위에서 두어 시간 농어 루어낚시를 하고, 집에 와서 아침 식사하고 고향 앞바다에 가서 두세 시간 소라와 골뱅이, 박하지 등 해루질을 한다. 이렇게 낚시와 해루질 등 투타임 출조를 하고, 오전과 오후 열 시간 넘게 전투낚시를 한 날은 한동안 집에서 구들장 신세를 져야만 한다.

낚시 친구 중에 전투낚시를 즐기는 친구가 있다. 시골에서 주유소를 경영하고 있는 친구다. 이 친구 낮에는 기름 배달 등 주유소 일 때문에 주로 새벽 낚시나 야간 낚시를 하는데 낚시를 워낙 좋아해서 하루 투타임 출조는 예사고, 밤샘 야간 낚시도 자주 한다.

낚시를 좋아하는 이 친구는 낚시 못지않게 동양화 공부에 일가견이 있다 보니 동양화 공부를 즐기는 동호회 회원들이 이따금 방문하곤 한다. 주경야독이랄까? 낚시와 동양화 공부를 좋아하는 친구, 체력이 좋아서 낮에는 주유소 일을 하고, 동호회 회원들이 방문하는 날이면 자정 무렵까지 회원들과 동양화 공부를 하는데 문제는 동양화 공부가 끝나면 한숨도 자지 않고 곧바로 낚시가방을 둘러메고 야간 낚시하러 나간다.

못 말리는 이 친구, 머지않아 아침저녁 선선한 바람이 불어오는 가을철이 되면 어스름 새벽에 갯바위 농어 루어낚시 출조를 하고, 날씨와 물때가 좋은 날이면 저녁 물때에 ○○방조제로 야간 우럭 낚시하러 가자고 유혹할 것 같다.

♣ 신은 잠깐의 인생에서,
낚시로 보낸 시간을 빼주지 않는다.
-바빌로니아 속담-

눈썰미

인터넷 ○○낚시 사이트에서 전국 낚시인 1,387명을 대상으로 설문 조사를 했다.

낚시 친구 또는 조우회(釣友會) 회원과 같은 포인트에 내려서 함께 낚시할 때, 나는 입질이 없는데 동행한 옆 낚시꾼은 입질이 계속 들어오더니 얼마 뒤 덜컥 대어(大魚)를 낚는다면 이때 낚시인들이 궁금하게 생각하는 것들은 어떤 것인지 물었다.

1위가 69.2%(960명)로 수심(水深)이었고, 2위는 채비(낚싯줄과 찌, 봉돌 등 호수)로 17.4%(241명) 나왔다. 이 밖에 사용하는 미끼가 4.2%(58명), 전유동, 반유동 등 낚시 조법(釣法)이 9.2%(128명) 나왔다. 여기에 입질 받은 지점이 어느 곳인지, 낚시 자리에서 가까운 곳인지 먼 지점인지 입질 포인트를 파악하는 것도 중요하다.

낚시인은 장르별, 어종별 다양한 낚시 기술 못지않게 낚시터 현장 상황을 파악하는 눈썰미가 있어야 한다. 위 설문 조사 내용처럼 동행한 옆 낚시인이 계속 대상어(對象魚) 입질을 받고 대어를 낚는다면, 어떠한 채비를 했고, 수심은 얼마나 주었으며, 미끼는 무엇을 사용하고 또 입질 받은 곳은 어느 지점인지 파악해야 한다. 낚시꾼은 장르별, 어종별 다양한 낚시 기술도 알아야 하지만 낚시터 현장의 포인트 지형과 주변 낚시꾼의 낚시채비와 사용하는 미끼 등을 파악하는 눈썰미가 있어야 대상어를 낚을 수가 있다.

♣ 낚시터에 가면

그 지방 사람의 말을 잘 들어라.

-일본 속담-

행복하게 하는 것들

출조(出釣) 전날 출조지(出釣地)의 날씨와 물때, 간만조(干滿潮) 시각, 풍향과 풍속, 파고와 수온 등 바다 상황을 확인한 뒤 낚싯대와 릴, 뜰채, 구명조끼와 낚시가방, 낚시신발, 모자, 낚싯줄과 낚싯바늘, 찌와 루어 등 출조 채비를 할 때 행복하다.

출조 채비를 하고 저녁 식사를 한 뒤 핸드폰을 충전해서 다음 날 새벽 4시 30분 알람 시각을 설정하여 머리맡에 놓고 9시쯤 잠자리에 든다. 일흔이 지난 나이에도 출조 전날 밤은 소풍 가는 초등학생처럼 가슴이 설레어 잠이 쉬이 오지 않는다.

이튿날 새벽 낚시가방을 둘러메고 집을 나설 때 기분이 좋아서 "고기를 잡으러 바다로 갈까나~~♬♪ 고기를 잡으러 강으로 갈까나~~♬♪ 이병에 가득히 넣어 가지고서~~♪♬ 랄랄랄랄 랄랄랄라 온다야~~♪♬" 절로 고기잡이 동요 콧노래가 흘러나온다.

어스름한 출조길, 설레는 마음으로 자동차를 타고 가면서 농어 루어

낚시 출조할 때는 '따오기(80cm가 넘어가는 농어)를 낚을까, 5짜와 6짜 두세 마리를 낚을까?' 상상을 하고, 감성돔 흘림 찌낚시 출조할 때는 '3짜와 4짜 감성돔 서너 마리를 낚을까, 5짜 감성돔 한 마리를 낚을까?' 즐거운 상상을 한다.

갯바위에 도착해서 낚시채비를 한 뒤 낚싯바늘에 싱싱한 미끼를 끼워 첫 캐스팅 할 때 가슴이 설레고, 한적한 갯바위에서 느긋하게 낚싯대를 드리우고 느릿느릿 흘러가는 찌를 바라보며 선망하는 감성돔과 바늘털이 농어가 입질하는 상상을 하면 행복하다.

어슴푸레한 새벽 무렵이나 야간 낚시할 때 오랜 기다림 끝에 어신(魚信)이 들어와서 붉은 케미 라이트를 꽂은 찌가 바닷물 속으로 스르륵 빨려 들어가고, 주변 바닷물이 뻘겋게 물들어가면 가슴이 벌렁거리고 자신도 모르게 '헉'하는 소리가 절로 나온다.

동이 트기 전 어스름한 새벽에 80cm가 넘어가는 농어를 히트하여 밀고 당기는 실랑이를 벌일 때 이무기 같은 대물 농어가 물보라를 일으키며 수면 위로 시커먼 머리를 내밀고 바늘털이하면 심장이 쿵쾅쿵쾅 요동치고 두 다리가 후들거린다.

늦가을 40cm가 넘어가는 대물 감성돔이나 따오기 입질이 들어와서 훅킹 후 낚싯대를 세우고 파이팅을 벌일 때, 릴 스풀이 찌~이익~ 찌~이익~ 역회전 소리를 내면서 낚싯줄이 풀려나가고, 낚싯대가 부러질 듯 요란하게 춤을 추면 온몸이 짜릿짜릿해진다.

운 좋게 낚고자 하는 대상어(對象魚)를 히트하여 한동안 실랑이를 벌인 뒤 갯바위로 랜딩해서 아가미에 꿰미를 꿰어 바닷물에 띄워놓고 낚시할 때 갯바위 주변에서 회유(回游)하고 있는 감성돔이나 농어를 바라보고 있으면 기분이 흐뭇하다.

낚싯대를 접고 철수하기 전 갯바위에서 5짜 감성돔이나 80cm가 넘어가는 대물 농어(일명 따오기)를 들고 인증 사진을 찍은 후 차를 타고 집으로 갈 때, 신바람이 나서 대여섯 시간 낚시해도 피곤하지 않고, 식사 때가 지나도 배도 고프지 않고 '룰루랄라~~♪♫' 콧노래를 흥얼거린다.

40cm가 넘는 감성돔이나 광어, 60cm 안팎 되는 농어 등 횟감 물고기를 잡으면 집으로 오는 길에 친구나 지인들에게 주고 오기도 하고, 냉동고에 보관했다가 겨울철에 손질해서 바람과 햇볕에 꾸덕꾸덕하게 말린 뒤 친인척이나 친구들이 방문하여 선물할 때 마음이 뿌듯하다.

낚시 친구와 동행 출조하여 낚고자 했던 대상어를 낚고 기분 좋게 낚시를 끝낸 후 집으로 오는 길에 친구와 식당에 들러 식사를 하면서 낚시인들이 선망하는 5짜 감성돔이나 80cm가 넘어가는 대물 농어를 낚은 무용담 나눌 때 행복하다.

서너 시간 가슴 설레는 낚시를 마치고 집에 돌아와서 샤워하고 식사를 한 다음 이튿날 출조를 위해서 낚싯대와 릴, 뜰채, 낚시가방과 살림망, 낚시신발, 낚싯줄, 찌와 루어 등 바닷물에 젖은 낚시 장비를 닦고 손질할 때 가슴이 설렌다.

낚싯대와 릴, 뜰채 등 낚시 장비를 정리한 후 느긋하게 커피를 마시며 컴퓨터를 켜고 출조일지(出釣日誌)를 작성하고, 인터넷 ○○낚시 사이트와 페이스북, 동창회 카페, 카카오톡 등 SNS에 조과물(釣果物) 사진과 조행기(釣行記) 등을 올릴 때 뿌듯하다.

　낚시 시즌이 끝나면 감성돔과 농어, 광어 등 대상어 사진을 인화하여 낚시 앨범을 만든다. 5짜 감성돔이나 80cm가 넘어가는 농어는 A4 크기로 인화해서 액자에 넣고 거실 책장 등 잘 보이는 곳에 진열해 놓는데 6짜 감성돔과 1m 대물 농어는 물론 80cm가 넘는 따오기와 5짜 감성돔 사진은 볼 때마다 흐뭇하다.

♣ 낚시꾼이라면 누구나 알고 있다.
낚시하는 하루는 인생에서 절대 사라지지 않는다는 것을.

-폴 퀴네트-

중독

낚시는 병으로 치부될 정도로 중독성이 매우 강하다. 민물낚시든 바다낚시든 누구나 한번 낚시에 발을 담그면 빠져나올 수 없는, 마약보다 더 무서운 병이다.

등산이나 바둑, 당구, 골프 등의 취미 생활을 하다가 낚시로 전향하는 예는 있어도 반대로 낚시하다가 등산이나 바둑, 당구, 골프, 도박 등으로 전향하는 경우는 없다고 한다. 그래서 부인이 도박하는 남편에게 취미로 낚시를 권하면 십중팔구 도박을 끊는다고 했다.

♣ 미국의 유명한 심리학자인 폴 퀸네트는 이름난 낚시광이었는데 그는 자신의 장례식장에 이렇게 써 달라고 주문했다.
"나 때문에 슬퍼하지 마시오. 신나게 낚시했으니."

낚시 예절과 매너

집에서 자동차로 20여 분 거리에 제법 이름이 난 동백정(冬栢亭)이 있다. 동백정은 수령 500년이 넘은 우람한 동백나무 숲과 서해 쪽으로 갈고리처럼 뻗어 나온 반도 지형에 위치하여 풍광이 좋은 데다가, 인근에 부사방조제와 춘장대 해수욕장, 홍원항과 마량포구, 성경 전래지 등이 있어서 많은 관광객이 찾아온다.

지금은 꽃쟁이 섬 쪽으로 이전했지만, 동백정 앞에 ○○화력발전소가 있었다. 동백정 주차장 울타리 바깥쪽에 테트라포드와 갯바위가 있고, 테트라포드 아래쪽에 발전소 배수구가 있었는데 냉각수(冷却水)가 배출되는 발전소 배수구 주변은 크고 작은 간출여와 수중여들이 산재하여 낚시 포인트가 많았었다.

냉각수가 배출되는 발전소 배수구 주변 갯바위와 테트라포드는 봄부터 초겨울까지 감성돔과 농어, 광어, 숭어, 삼치, 학꽁치, 우럭, 전어 등 다양한 물고기들이 모여드는 데다가 동백정 주차장 울타리를 넘어가면 낚시할 수 있어서 주말은 물론 평일에도 낚시꾼들이 많이 찾아왔었다.

낚시꾼들이 몰리는 주말이나 국경일 등 공휴일에 냉각수가 지나는 발전소 배수구 앞 홈통 갯바위에서 낚시하다 보면 한두 명이 낚시할 수 있는 작은 갯바위에 네댓 사람이 낚시하고, 감성돔과 농어 등 입질이 활발한 저녁 무렵에는 네댓 명이 낚시할 수 있는 배수구 주변에서 열 명이 넘는 낚시꾼들이 자리다툼을 벌여가며 낚시했었다.

낚시를 배우던 초보 시절, 냉각수가 배출되는 발전소 배수구 주변 갯바위와 테트라포드에서 한동안 낚시했었다. 어쩌다 배수구 앞 홈통 갯바위에서 운 좋게 감성돔을 낚으면 20여 미터 떨어진 배수구에서 낚시하고 있던 낚시꾼들의 찌가 홈통 갯바위 쪽으로 날아왔는데 주말이나 공휴일 등 낚시꾼들이 많을 때는 네댓 개의 찌가 날아오곤 했었다.

한두 사람이 낚시할 수 있는 7~8m 정도 되는 작은 홈통 갯바위 쪽으로 네댓 명의 낚시꾼들이 채비를 흘리면 주변 낚시꾼들과 채비가 엉키곤 했었는데 그렇게 낚시채비가 몇 번 엉키고, 한동안 입질이 없어야 채비를 걷었다. 그리고 서너 명이 낚시할 수 있는 배수구 주변 테트라포드에서 예닐곱 명이 낚시하다 보면 포인트가 자주 겹치곤 했었다.

이처럼 포인트가 한정된 낚시터에서 여러 사람과 낚시하다 보면 주변 낚시인들에게 불쾌감을 주는 언행으로 인해서 실랑이가 벌어지는 경우가 종종 있는데 이는 낚시인의 기본예절과 매너에 대한 인식이 부족하기 때문이다. 안타까운 일이 아닐 수 없다.

무덥던 어느 여름날이었다. 밑밥을 준비해서 배수구 옆 테트라포드로 들어갔았다. 테트라포드 앞쪽에 밑밥을 뿌려주면서 20~30분 낚시했을까? 운 좋게 한 뼘 조금 넘는 감성돔을 낚았었다. 그런데 얼마 뒤 배수구 쪽에서 낚시하고 있던 나이 지긋한 낚시꾼이 감성돔을 낚았던, 밑밥을 뿌려놓은 곳으로 채비를 흘렸다. 어이가 없었다. 아무리 고기 욕심이 난다고 해도 그렇지, 다른 낚시꾼이 밑밥을 뿌려놓은 포인트로 채비를 왜 캐스팅하는지 이해할 수가 없었다.

이뿐만이 아니다. 농어 루어낚시를 하는 손바닥만 한 간출여에 찌낚시를 하겠다고 부득불 비집고 들어오는 이상한 낚시꾼도 있었고, 냉각수가 나오는 배수구 주변에서 여러 낚시꾼이 흘림 찌낚시를 하고 있는데도 아랑곳하지 않고 10~20m 떨어진 홈통 갯바위에서 훌치기 숭어낚시를 하는 어이없는 낚시꾼도 있었다.

여러 사람이 즐기는 골프나 당구, 볼링, 낚시 등 레저 활동을 할 때는 지켜야 하는 예절과 매너가 있다. 특히 800만 명이 즐기는 낚시의 경우에는 갯바위나 선상에서 낚시할 때 주변 낚시인들과 종종 채비가 엉키고, 포인트가 겹치는 경우가 자주 발생하기 때문에 낚시인의 매너와 예절을 지켜야 한다.

낚시 포인트가 고정된 민물낚시와 달리 바다낚시는 공략하는 포인트가 넓다. 조류(潮流)가 흐르는 바다에서 주로 하는 흘림 찌낚시는 채비를 조류에 태워서 멀리 흘려보내며 입질을 유도하기 때문에 옆 낚시인이 공략하는 포인트 쪽으로 채비를 흘리거나 캐스팅하면 안 된다.

또 낚시터에 늦게 도착해서 낚시할 곳이 마땅치 않을 때는 먼저 온 낚시인의 양해를 구해서 낚시해야 하고, 채비를 캐스팅할 때는 주변 낚시인에게 방해가 되지 않도록 조심해서 캐스팅해야 한다. 그리고 낚시 도중 본의 아니게 옆 낚시인과 채비가 엉키는 경우가 생길 때는 화를 내기보다 먼저 사과하는 것이 좋다.

이 밖에 낚시인들이 지켜야 하는 낚시 예절과 매너는 많다. 낚시터에 가면 먼저 와서 낚시하고 있는 다른 낚시인에게 피해가 가지 않도록 자리를 잡아야 하고, 낚시 중에는 주변 낚시인들이 눈살 찌푸려지게 옆사람과 큰소리로 잡담을 나누거나, 고성방가 등 소란을 피워서는 안 된다. 또 다른 낚시인의 살림망 등을 함부로 들어보지 않아야 하고, 집으로 가져가지 않을 고기나, 낚시 금지 체장(體長) 미만의 어린 물고기가 낚이면 방생해야 한다. 그리고 낚시가 끝나면 쓰레기 수거는 물론 낚시자리 주변을 깨끗이 정리해야 한다.

민물낚시든 바다낚시든 낚시를 배우는 초보 낚시인은 낚싯대와 릴,

뜰채 등 낚시 장비 다루는 법과 어종별, 장르별 다양한 낚시 방법을 배우는 것도 중요하지만 이에 못지않게 낚시인이 지켜야 하는, 갯바위나 방파제 등 낚시터 주변 환경을 훼손하지 않고, 주변 낚시인들을 배려하는 낚시 예절과 매너에 대해서 제대로 배워야 한다.

♣ 제대로만 하면 낚시는 스포츠가 아니라 인생을 사는 방법이다.

-폴 퀴네트-

낚시와 Sex의 공통점

- ♥ 먼저 누군가의 입질로부터 시작한다.
- ♥ 가끔 특별한 미끼로 유인하기도 한다.
- ♥ 잘못해서 코 꿰는 사람도 있다.
- ♥ 여자들보나 남자들이 더 좋아힌다.
- ♥ 직장인들은 주로 밤에 하지만, 백수들은 아무 때나 한다.
- ♥ 혼자 하기도 하고 여럿이 모여서 하기도 한다.
- ♥ 자기가 직접 하기보다 구경하는 것을 즐기는 사람도 있다.
- ♥ 초보자들이 여기에 빠지면 잠도 안 자고 한다.
- ♥ 술에 취해서 하면 위험하다.
- ♥ 이것에 관한 얘기는 누구나 '뻥'을 치기도 한다.
- ♥ 밤에는 야광 도구를 활용하기도 한다.
- ♥ 많은 사람이 하지만 국가에서 별다른 간섭을 하지 않는다.
- ♥ 선수가 되면 필요한 도구를 휴대하고 다닌다.

♥ 생계 수단으로 삼는 사람도 있다.

♥ 사용하는 도구가 긴 것도 있고 짧은 것도 있다.

♥ 원래 생명체 획득이 목적이었으나 요즘에는 재미로 즐긴다.

♥ 이것에 미치면 아버지 제삿날에도 한다.

♥ 변칙적인 방법을 사용하는 사람들이 꼭 있다.

♥ 운동은 되는데 스포츠라고 부르지 않는다.

♥ 이것을 하는 자세는 세계 어디에서나 유사하다.

♧ 젊었을 때 나는 플라이로 송어를 낚는 것이 사랑을 나누는 것보다 나을지도 모른다고 생각했다. 이제 나이를 먹고 보니 확실히 그렇다.

-폴 퀴네트-

안경 찾기

찌낚시와 원투낚시, 워킹 루어낚시 등 다양한 장르의 낚시를 20여 년 하다 보니 그동안 재미있는 에피소드도 많았고, 정말 어이없는 황당한 일들도 여러 번 겪게 되었다.

어슴푸레한 새벽, 냉각수(冷却水)가 지나는 발전소 배수구 앞 갯바위에서 농어 루어낚시를 하다가 난데없는 너울 파도에 아끼는 랜딩용 뜰채를 바다에 수장(水葬)시키고, 발판이 불편한 경사진 테트라포드에서 낚시채비를 하다가 낚싯바늘과 도래, 봉돌, 구슬과 쿠션 고무, 면사매듭, 찌 스토퍼와 전자 케미 등 온갖 낚시 소품이 들어있는 포켓용 소품 케이스를 테트라포드 아래로 빠트려서 낚시도 제대로 하지 못하고 중도에 일찍 철수하기도 했다.

또 어느 날 하루는 꽃쟁이 섬 주변 테트라포드에서 찌낚시 도중 경사진 테트라포드에 놓아둔 밑밥통이 바다로 떨어져서 낚시하다 말고 중간에 집으로 돌아가기도 하고, 낚시를 배우던 왕초보 시절 발전소 배수구 앞 갯바위에서 랜턴 없이 어둑어둑한 저녁 늦은 시간까지 낚시하고 철수를 서두르다가 집으로 오는 도중에 뜰채가 없어진 것을 뒤늦게 알고 황급히 낚시했던 갯바위로 되돌아가서 어렵게 뜰채를 찾아오기도 했었다.

타고난 시력이 부실해서 예나 지금이나 도수 높은 안경을 착용하고 있는데 지난 97년 IMF 외환위기 사태 후 금융권 구조 조정에 따른 스트레스를 받아서 그랬는지 채 오십도 되기 전에 오십견(五十肩)과 백내장이 오고 뒤이어 난시에 노안이 찾아왔었다.

낚시에 한창 빠져 있던 초보 때였다. 난시와 노안 때문에 30~40m 이상 흘리는 찌를 보기도 어렵고, 채비할 때 가는 낚싯줄에 구슬과 쿠션 고무를 끼고 도래와 바늘을 묶는 것도 힘들고, 낚싯바늘에 미끼 끼우는 것 등 불편한 점이 많았었다. 고민 끝에 안경원에 가서 누진 다초점 안경을 맞췄는데 가격이 장난이 아니었다. 아마 40만 원 가까운 거금을 주고 맞췄던 것 같다.

어느 주말 아침, 새로 맞춘 값비싼 누진 다초점 안경을 착용하고 꽃쟁이 섬 인근 방조제로 출조했었다. 그동안 도수 높은 안경을 착용하다가 새로운 누진 다초점 안경을 쓰자 적응이 되지 않아서 불편했다. 누진 다초점 안경을 쓰고 한동안 낚시하다 보니 경사진 테트라포드에서 이동하기도 어렵고, 채비하는 것은 물론 낚싯바늘에 미끼 끼우는 것도 힘들었다. 생각 끝에 누진 다초점 안경을 벗어서 조끼 윗주머니에 넣고 낚싯바늘에 미끼를 끼운 뒤, 낚싯대를 들고 아래쪽 테트라포드로 이동하려고 상체를 숙이는 순간 낚시조끼 윗주머니에 넣어둔 누진 다초점 안경이 테트라포드 아래로 떨어져 버리고 말았다. 미끼 끼울 때 안경을 조끼 윗주머니에 넣고 주머니를 제대로 닫지 않아서 안경이 빠진 것이었다.

깜짝 놀라서 안경이 떨어진 테트라포드 주변을 살펴보았지만 어디로 떨어졌는지 보이지가 않았다. 구조물이 복잡하게 들어선 테트라포드에서 낚시채비를 하거나 낚시하는 도중에 테트라포드 아래로 찌나 소품 케이스 등을 떨어트리면 그것으로 끝이다. 열에 여덟아홉은 떨어뜨린 물건을 찾을 수가 없다.

새로 맞춘 값비싼 누진 다초점 안경을 착용하고 낚시하러 왔다가 구조물이 복잡하게 들어선 테트라포드 아래로 안경을 잃어버리자 어이가 없었다. 어신(魚信)이 들어와도 시력이 부실해서 입질 확인도 할 수 없

고, 안경이 없으니 그만 낚시를 중단하고 집으로 돌아가야 하나, 또 값비싼 누진 다초점 안경은 어떻게 맞춰야 하나, 순간 별의별 생각이 다 들었다.

낚싯대를 놓고 누진 다초점 안경이 떨어진 테트라포드 아래쪽을 살펴보았지만 보이지가 않았다. 구조물이 복잡하게 들어선 경사진 테트라포드에서 곡예를 하듯이 물구나무서기 자세로 거꾸로 매달려 아래로 내려가서 테트라포드 아래쪽 바닥 주변을 찾아보았지만 어디로 떨어졌는지 안경이 보이지 않았다.

몸을 움직이기도 어려운 비좁은 테트라포드 사이에 거꾸로 매달려서 한 손으로 테트라포드 위쪽을 잡고, 다른 한 손으로 테트라포드 아래쪽 바닥을 20여 분 더듬어 찾았나, 운이 좋았는지 손끝에 안경다리가 잡혔다. 천신만고 끝에 누진 다초점 안경을 찾았는데 불행 중 다행이랄까, 테트라포드 아래로 떨어질 때 값비싼 안경알이 깨지지 않고 약간의 흠집만 났었다.

물기가 있는 미끄러운 갯바위나 발판이 불편한 경사진 테트라포드에서 낚시하거나 이동할 때는 낙상이나 추락 등 안전사고에도 조심해야 하지만 낚싯대와 릴, 뜰채 등 낚시 장비와 밑밥통과 밑밥주걱, 니퍼와 플라이어, 찌 등 낚시용품 관리에도 신경을 써야 한다. 낚시 장비는 물론이고 낚시하는 도중에 낚싯바늘과 찌와 봉돌, 밑밥주걱 등 낚시 소품을 잃어버리게 되면 낚시하는데 많은 지장을 초래하기 때문이다.

이밖에 구조물이 복잡하게 들어선 경사진 테트라포드나 지형이 험한 갯바위에서 낚시할 때는 핸드폰이나 자동차 키, 선글라스, 랜턴 등 일반용품 분실 사고에도 유의해야 한다. 구조물이 얼기설기 쌓인 테트라포드나 미끄러운 갯바위 아래로 물건을 떨어트리면 찾을 수가 없다.

테트라포드 누진 다초점 안경 소동 이후 낚시할 때는 안경다리에 안경 걸이를 걸어 쓰고 낚시하는데 20년이 지난 지금도 꽃쟁이 섬 주변 방조제에서 낚시하다가 테트라포드 아래로 값비싼 누진 다초점 안경을 빠트려서 당황했었던 때를 생각하면 웃음이 절로 나온다.

♣ 남편이 낚시하는 것을 목격하지 않은 아내는
결혼하게 될 남자의 인내심이 얼마나 많은지 알지 못한다.

-에드가 W. Howe-

인증 사진

낚시는 추억이다. 낚시를 마친 뒤 선망하는 감성돔이나 바늘털이 농어 등 대상어(對像魚) 조과물(釣果物)이 있으면 가슴 설레는 추억을 남기기 위해서 사진을 찍는다.

40cm가 넘어가는 감성돔이나 60cm 이상 농어를 잡았을 때 인증 사진을 찍고 있는데 5짜가 넘는 대물 감성돔이나 80cm가 넘어가는 따오기(농어)는 A4 크기로 크게 인화하여 액자에 넣고 눈에 잘 보이는 거실 책장 등에 진열해 놓는다. 61cm 감성돔과 1m 대물 농어는 물론 80cm가 넘는 따오기와 5짜 감성돔 사진은 볼 때마다 기분이 흐뭇하다.

> ♧ 남자들이 낚시할 때는 다 평등하다.
> 물고기 앞에는 모두 다 평등하기 때문이다.
>
> -헬무트 호프만-

낚시와 컨디션

골프나 등산, 낚시 등 레저 활동을 할 때는 컨디션이 좋아야 한다. 컨디션이 좋지 않으면 집중이 되지 않아서 실수하거나 자칫하면 사고를 당할 수 있기 때문이다. 특히 미끄러운 갯바위나 구조물이 복잡하게 들어선 테트라포드에서 낚시할 때는 컨디션이 좋아야 한다.

낚시할 때 몸이 무겁거나 컨디션이 좋지 않으면 낚고자 하는 대상어(對象魚)를 낚기도 어렵고, 낚시하는 재미도 나질 않는다. 또 지형이 험한 갯바위나 경사진 테트라포드에서 낚시하거나 이동하는 중에 낙상이나 추락 등 위험한 상황에 빠지기도 하고 중요한 순간 실수를 하게 된다.

몇 해 전, 농어 루어낚시 출조(出釣) 전날이었다. 저녁 6시에 중학교 동창 모임이 있었다. 오랜만에 만난 친구들과 식사를 하고 술도 마시며 정담을 나눈 뒤 헤어지기 아쉬워서 인근 펜션으로 자리를 옮겨 2차 자리를 가졌다. 술을 좋아하는 친구들은 술을 마시고 동양화(일명 고스톱)를 좋아하는 친구들은 동양화 공부를 했다.

처음 동양화 공부를 할 때는 10시까지 딱 두어 시간 동안만 하기로 했다. 10시쯤 되자 손해를 본 친구들이 12시까지 나머지 공부를 하자고 연장하는 바람에 어쩔 수 없이 자정 무렵까지 동양화 공부를 하게 되었다. 운이 좋아서 자동차 기름값 몇만 원을 벌었던가, 아무튼 동양화 공부가 끝난 뒤 술 마신 친구들을 자동차로 집까지 바래다주고 집에 와서 샤워하고 나자 새벽 1시가 다 되었다.

그렇지 않아도 낚시가는 전날 밤은 소풍 가는 초등학생처럼 가슴이 설레어 잠이 잘 오지 않는데 늦게 잠자리에 들다 보니 잠이 쉬 오지 않았다. 한동안 엎치락뒤치락하다가 한두 시간 눈을 붙였나, 5시 핸드폰 알람 소리에 비몽사몽 정신없이 일어나서 얼굴에 물만 묻히고 잠깐 스트레칭을 한 다음 백팩 낚시가방과 루어낚싯대를 챙겨 들고 집을 나섰다.

여느 때 같으면 잠을 못 자서 몸이 무겁거나 컨디션이 좋지 않으면 출조하지 않는다. 전날 친구들과 밤늦게까지 동양화 공부하느라 컨디션은 안 좋지만, 북서풍이 적당하게 불어서 바다 상황도 좋고, 바닷물이 많이 나가는 사리 때라 낚시가 끝나면 간조(干潮) 때 며칠 전 수중여에 걸려 떨어진 루어(브랜드가 있는 루어는 개당 2만 원 안팎 한다)를 찾아오려고 출조를 했다.

어슴푸레한 새벽 6시, 자주 가는 갯바위에 들어가서 채비를 하고 낚시했다. 20~30분 낚시했나? 바다 상황이 좋아서인지 컨디션이 좋지 않은데도 운 좋게(?) 큰 입질을 받았다. 3~4분 대물 농어와 실랑이한 뒤 갯바위로 랜딩을 했다. 어림잡아 8짜가 훌쩍 넘어가는, 90cm 안팎 되는 대물 농어(일명 따오기)였다. 이때까지 기분이 좋았다. 그런데 얼마 뒤 정말 어이없는 실수를 하고 말았다.

낚시할 때 날카로운 지느러미나 예리한 이빨과 아가미가 있는 우럭이나 삼치, 광어, 농어 등을 낚은 뒤 맨손으로 낚싯바늘을 빼거나 물고기를 만지면 위험하다. 여느 때는 날카로운 지느러미와 칼같이 예리한 아가미가 있는 농어를 히트해서 갯바위로 랜딩을 하면 립그립으로 물고기 주둥이를 잡고 플라이어로 루어 바늘을 빼낸 다음 아가미에 꿰미를 꿰곤 했었다.

전날 친구들과 밤늦게까지 동양화 공부를 하느라 컨디션이 안 좋아서 그랬는지 일이 벌어지려고 그랬는지 아무튼 80cm가 넘어가는, 5킬로 가까운 대물 농어를 립그립으로 아가미를 잡지 않고 루어 바늘을 빼낸 다음 아무 생각 없이 맨손으로 농어를 잡고 아가미에 꿰미를 꿰려고 하는 순간 대물 농어가 요동을 쳤다. 순간 칼같이 예리한 농어 아가미에 손바닥을 강하게 찔리고 말았다.

손바닥에 따끔한 통증이 와서 손을 떼자 대물 농어가 갯바위에서 몇 번 펄떡펄떡 뛰더니 붙잡을 새도 없이 바다로 탈출하고 말았다. 어렵게 잡은 대물 농어가 눈앞에서 바다로 탈출해 버리자 어이가 없었다. 대물 농어를 놓친 것도 화가 나는데 농어 아가미에 찔린 왼손바닥에서 붉은 피가 줄줄 흘러나왔다.

오른손으로 한동안 지혈을 한 뒤 수건으로 다친 손을 꽁꽁 싸매고 낚시를 했다. 날씨와 물때가 좋아서 포인트 주변에 고기가 들어왔는지 얼마 후 7짜와 6짜 농어를 낚아서 안전하게 립그립으로 주둥이를 잡고 플라이어로 낚싯바늘을 빼낸 다음 아가미에 꿰미를 꿰고, 이후 4짜 광어와 삼치를 네댓 마리 낚아서 대물 농어를 놓친 아쉬움을 달랬다.

이후에도 컨디션이 좋지 않은 몸으로 무리하게 출조했다가 또 한 번 똑같은 실수를 했다. 발판이 협소한 테트라포드에서 5짜 농어를 히트하여 랜딩을 했었다. 컨디션도 좋지 않았지만 크기가 작은 농어라서 얕보고 립그립으로 아가미를 잡지 않고 경사진 테트라포드에서 루어 낚싯바늘을 빼내려다 농어가 요동치는 바람에 그대로 바다로 탈출하고 말았다.

두 번의 어이없는 실수를 하고 난 뒤 몸이 무겁거나 컨디션이 안 좋을 때는 출조하지 않는다. 컨디션이 좋지 않으면 집중이 되지 않아서 낚시하기도 힘들고, 운 좋게 감성돔이나 농어 등 대상어가 입질하더라도 물기가 있는 미끄러운 갯바위나 발판이 불편한 방파제에서 마무리하기가 쉽지 않기 때문이다.

컨디션이 좋지 않으면 지형이 험한 갯바위나 경사진 테트라포드에서 낚시하거나 이동하는 중에 추락이나 낙상 등으로 위험한 상황에 빠지기도 하고, 정신없이 맨손으로 물고기를 잡다가 날카로운 지느러미나 칼같이 예리한 아가미에 찔려서 예기치 못한 봉변을 당할 수가 있다.

♣ 낚시한다는 것은 물고기보다 더 많은 의미가 있다.

그것은 우리가 우리의 조상에게

어떤 성격을 물려받았는지 알 수 있는

기회이기 때문이다.

-허버트 후버-

생활낚시

생활낚시는 일상생활을 하면서 어린아이나 여자 등 남녀노소 누구나 즐길 수 있는 쉽고 간편한 낚시를 말한다. 요약하면,

1) 돈이 별로 들지 않고,

2) 간편한 복장과 낚시 장비로,

3) 집에서 반찬거리로 먹을 수 있는 물고기를 낚으며 즐기는 낚시.

생활낚시는 생활 + 낚시가 합쳐진 단어로 보통 '짬 낚시' '잡어(雜魚/온갖 자질구레한 물고기) 낚시'라고 불리는 낚시를 말한다. 다시 말해서 갯바위나 방파제 등 낚시터가 있고, 낚싯대와 릴, 뜰채, 낚싯줄과 바늘, 찌, 봉돌 등 간단한 낚시 장비와 미끼, 낚고자 하는 대상어(對象魚)가 있다면 언제 어디서든지 즉흥적으로 접근해서 손쉽게 할 수 있는 낚시가 생활낚시이다.

예로, 도보권(徒步圈) 갯바위와 해안가 방파제, 방조제, 백사장, 포구(浦口) 주변이나 해안가 수로 등에서 즐길 수 있는 생활낚시는 감성돔 낚시와 벵에돔, 농어, 숭어, 광어, 삼치, 볼락, 우럭(조피볼락), 학꽁치, 고등어, 전갱이, 보리멸, 풀치, 호래기(꼴뚜기), 붕장어, 망둑어 등 낚시가 있고, 내만권(內灣圈) 선상에서 하는 우럭, 열기, 백조기, 광어, 갈치, 가자미, 도다리, 문어, 주꾸미와 갑오징어, 한치 낚시 등이 있다.

♣ 낚시는 방파제에서 시작하여 나이 들면 다시 방파제로 돌아온다.

나 홀로 출조

이따금 낚시 친구와 동행 출조(出釣)도 하지만, 집에서 자동차로 20여 분 거리에 있는 가까운 도보 낚시터를 다니다 보니 주로 나 홀로 출조를 한다.

나 홀로 출조를 즐겨 다니는 이유는 낚시터가 가까운 것도 있지만 자유로운 낚시를 하기 위해서다. 아무 때나 시간 나는 대로 출조하고, 한적한 낚시터에서 마음 편하게 낚시하다가 이곳저곳 발길 닿는 대로 포인트 이동도 하고, 낚시가 안 될 때는 고기잡이배와 갈매기 등 주변 풍광을 구경하면서 시간 구애 없이 낚시하다가 언제든지 철수할 수 있기 때문이다. 여기에 다른 낚시꾼과 채비와 조과물(釣果物) 비교도 하지 않고, 그 누구의 간섭이나 눈치를 보지 않고 자유로운 낚시를 하기 위해서 나 홀로 출조를 한다.

♣ 낚시는 물고기를 낚는 것이 아니라 자연과 교감하는 것이다.

안낚

동해안이나 남해안과 달리 조수 간만의 차가 크고, 수심(水深)이 얕은 서해안에는 낚시할 수 있는 갯바위가 많지 않아서 서해권 낚시인들은 주로 썰물 때 드러나는 간출여에서 여치기 낚시를 많이 한다.

조수 간만의 차가 5~6m 이상 나는 간출여에서 낚시하다가 바닷물이 많이 빠지면 수심이 깊은 바깥쪽 간출여로 이동하여 낚시를 하는데, 문제는 썰물 때 간출여에서 낚시에 몰두하다 보면 썰물에서 밀물로 물때가 바뀌고, 바닷물이 뒤쪽 갯바위까지 들어차서 낚시인의 퇴로가 막히게 된다.

낚싯배를 타고 간출여에 내려서 여치기 낚시하는 경우에는 철수시켜 주는 배가 있어서 문제가 없지만, 도보권 간출여에서 낚시하다가 물때가 바뀌어 작은 갯바위에 갇히게 되면 문제가 심각해진다. 특히 조수 간만의 차가 큰 사리 때는 바닷물이 빠르게 들어와서 순식간에 위험한 상황에 빠지게 된다.

서늘한 바람이 불어오던 어느 늦가을 아침 무렵이었다. 여느 때처럼 꽃쟁이 섬 인근 방조제로 출조했었다. 바닷물이 많이 들어오는 사리 때였다. 초들물 무렵 자주 다니는 포인트에 가자 언제 왔는지 머리가 희끗희끗한 낚시꾼 두 명이 까치여에서 4~5m 떨어진 작은 간출여에서 낚시하고 있었는데 구명조끼도 착용하지 않고, 뜰채도 준비하지 않은 단출한 낚시채비로 봐서 낚싯배를 타고 간출여에 들어온 전문 낚시꾼들 같지가 않았다.

한두 시간 낚시하다 보니 초들물이 지나고 중들물쯤 되었다. 바닷물이 많이 들어오는 사리 때라 만조가 되면 간출여가 바닷물에 잠기기 때문에 중들물 무렵 갯바위를 빠져나와야 한다. 갯바위가 바닷물에 잠기는 것을 아는지 모르는지 두 낚시꾼은 낚시에 열중하고 있었다. 은근히 나이 든 낚시꾼들이 걱정되었다.

시간이 얼마나 지났을까? 중들물이 끝나갈 무렵 낚시꾼들이 궁금하여 까치여 간출여 쪽을 쳐다보자 바닷물이 낚시꾼들이 있는 갯바위 뒤쪽까지 들어차서 빠져나올 수 없게 되었다. 사리 때라 바닷물이 빠르게 갯바위 위쪽으로 차올랐다. 구명조끼도 착용하지 않은 나이 든 낚시꾼들이 걱정되어 낚싯대를 걷고 까치여 앞 간출여 쪽으로 갔다.

간출여에 바닷물이 차오르자 머리가 희끗희끗한 낚시꾼들이 입고 있던 옷을 하나하나 벗기 시작했다. 아마 옷을 벗고 헤엄쳐서 건너편 까치여로 건너가려고 그러는 것 같았다. 얼마 후 옷을 다 벗은 한 낚시꾼이 갯바위에 떠내려온 대나무 장대를 4~5m 떨어진 까치여에 걸쳐 놓고 팬티 차림으로 바닷물에 들어가서 대나무 장대를 잡고 군대 유격 훈련하듯이 건너편 까치여로 아슬아슬하게 건너갔다.

얼마 뒤 간출여에 남아 있던 낚시꾼이 벗어 놓은 옷가지와 낚싯대, 가방 등을 장대에 묶어서 건네주자 까치여로 건너간 낚시꾼이 장대를 받아서 옷가지와 낚시 장비들을 까치여 위쪽 갯바위에 옮겨놓고, 다시 장대를 건네주자 간출여에 남아 있던 낚시꾼이 까치여에 대나무 장대를 걸쳐 놓고 바닷물에 들어가서 장대를 잡고 까치여로 건너갔다.

날씨가 제법 쌀쌀했던 늦가을 아침 무렵 머리가 희끗희끗한 나이 든 낚시꾼들이 팬티차림으로 바닷물에 들어가서 대나무 장대를 잡고 군대 유격 훈련하듯이 아슬아슬하게 까치여로 건너가고, 까치여 갯바위에서 한동안 벌거벗은 몸으로 바닷물에 젖은 몸을 말린 뒤 옷을 입던 모습이 우습기도 하고 한편으론 위험해 보여서 낚시하다 말고 10여 분 지켜보았다.

다행히 낚시하던 간출여에 5~6m 정도 되는 긴 대나무 장대와 4~5m 떨어진 곳에 큰 까치여가 있어서 별다른 일이 없었지 만약 대나무 장대와 까치여가 없었다거나 또 까치여가 40~50m 이상 떨어져 있었다면 낚시꾼들이 어떻게 되었을지 정말 모를 일이다.

갯바위 사고와 더불어 해안가 테트라포드에서 낚시하다가 바다에 추락하여 사망하는 사고가 해마다 10여 건 이상 발생한다. 테트라포드는 둥글고 경사가 져서 위험한데 바닷물에 젖은 테트라포드는 물이끼 등이 끼어서 상당히 미끄럽다. 경사진 테트라포드는 낚시하거나 이동하는 도중에 추락하기 쉬운 데다가 해안가 테트라포드는 구조물이 얼기설기 쌓여서 테트라포드 아래로 떨어지면 발판이나 손잡을 곳이 없어서 혼자서는 탈출하기가 쉽지 않다.

인터넷 ○○낚시 사이트에서 낚시인들이 흔히 주고받는 인사말이 있다. '어복(魚福) 충만하시고 언제나 즐낚, 안낚하십시오.' 다른 레저 활동과 달리 낚시인들이 '안낚'(안전한 낚시)하라고 인사하는 것은 갯바위와 테트라포드는 해조류와 물이끼 등이 끼어서 미끄러운 데다가 바다에는 예상할 수 없는 돌풍과 너울 파도 등 위험한 요소들이 많이 있기 때문이다.

여가 생활 및 취미 활동으로 갯바위와 해안가 테트라포드에서 낚시를 즐기는 것도 좋고, 선망하는 감성돔이나 참돔, 농어 등 물고기를 낚는 것도 좋지만, 세상에 자기 목숨만큼 소중한 것은 없다. 낚시를 즐기고, 물고기를 낚는 것도 건강하게 살아있어야 할 수가 있다.

지형이 험한 갯바위나 해안가 방파제 등 테트라포드에서 낚시할 때는 무엇보다 안전에 유의해야 한다. 출조할 때는 사전에 출조지(出釣地) 날씨와 물때, 간만조(干滿潮) 시각과 바람과 파고 등 바다 상황을 확인한 뒤 반드시 구명조끼를 착용하고, 미끄럼방지를 위한 펠트화나 스파이크 낚시신발을 신고 핸드폰을 소지한 후 안전한 낚시 '안낚'을 해야 한다.

♣ 아무리 낚시가 좋아도

지나치면 독이 되고 해가 된다.

낚시 장비 방출

　몇 해 전, ○○발전소가 이전하는 바람에 냉각수(冷却水)가 배출되는 발전소 배수구 주변 테트라포드와 갯바위 등 자주 다니던 낚시터가 사라졌다. 발전소 배수구 폐쇄와 더불어 꽃쟁이 섬 주변 방조제도 봉쇄되고, 감성돔 흘림 찌낚시와 원투낚시를 하던 ○○갯바위는 둘레에 해안 탐방로가 생기는 바람에 그동안 10년 넘게 다녔던 낚시터들이 모두 없어졌다.

　감성돔 흘림 찌낚시와 원투낚시, 농어와 삼치, 숭어, 우럭 낚시 등 그동안 자주 다녔던 낚시터들이 없어져서 사용하지 못하고 방치되어 있는 릴낚싯대와 원투낚싯대, 민장대, 원투용 릴, 배수구 물골에서 사용하는 중통찌와 고부력 막대찌, 낚싯바늘과 살림망 등 불용(不用) 장비들을 정리했다.

　오랜 손때가 묻은 장비라 아쉬움이 있었지만, 꽃쟁이 섬 인근 방조제와 발전소 배수구 주변 낚시터가 사라져서 사용할 수 없거나 중복되는 낚시 장비들을 과감히 정리했다.

감성돔 릴낚싯대 세 대와 민장대, 뜰채, 릴 두 점, 미노우 20개, 바이브레이션 30여 개, 뜰망과 뜰망 케이스, 중통찌와 고부력 막대찌, 살림망과 기포기, 미끼통, 밑밥주걱과 주걱꽂이, 낚싯줄, 낚싯바늘, 도래, 인조 미끼, 전유동 홀드, 바늘빼기, 립그립, 니퍼와 플라이어, 포셉 가위, 루어낚시 조끼와 민물 조끼, 낚시 모자, 마대형 살림망, 캐쉬 캐시백 등을 대거 방출했다.

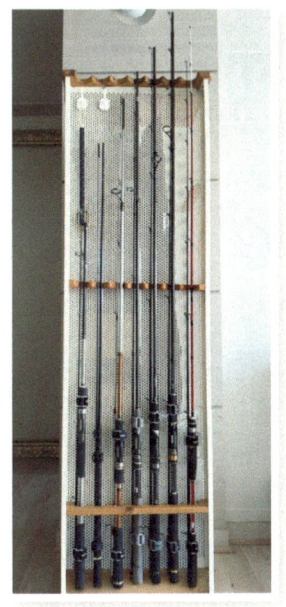

♣ 사람들이 인생에서 정말로 중요한 것들에 집중했더라면, 낚싯대가 부족했을 것이다.

-더그 라슨-

어복(魚福)

바다 낚시꾼들이 선망하는 5짜 감성돔을 낚을 수 있는 확률이 얼마나 될까? 또 농어 루어 낚시꾼들이 80cm가 넘어가는 대물 농어(일명 따오기)를 낚을 수 있는 확률은 얼마나 될까? 선상과 갯바위, 원도권(遠島圈)과 내만권(內灣圈) 등 출조 지역과 낚시인에 따라 차이가 있겠지만 50%가 넘을까? 아마 60%는 넘지 않을 것이다.

누구 말마따나 전생에 나라를 구했는지 어복이 많아서인지 아무튼 낚시 여건이 열악한 서해 중부 내만권 도보 낚시터에서 선망하는 5짜 감성돔을 열 마리 넘게 낚고, 80cm가 넘어가는 따오기를 스무 마리 정도 낚았다. 여기에 낚시꾼들이 로망하는 6짜(61cm) 감성돔을 낚고, 농어 낚시꾼들이 로망하는 1m 대물 농어를 낚았다.

이뿐만이 아니다. 발전소 배수구 앞 갯바위에서 첫 캐스팅에 선망하는 5짜 감성돔을 낚고, 담수(淡水)나 냉각수(冷却水) 등이 배출되지 않는 꽃쟁이 섬 인근 방조제에서 야간 우럭 낚시를 하다가 물고기를 유인하는 밑밥 없이 달랑 미끼 하나로 두 번째 캐스팅에 42cm 감성돔을 낚았다.

이밖에 집에서 자동차로 20여 분 걸리는 가까운 도보 낚시터에서 한 물때에 70cm가 넘는 대물 농어를 세 마리를 낚고, 요즘 얼굴 보기 어려운 귀한 감성돔을 다섯 마리나 잡았다. 또 어느 날은 배수구 앞 갯바위에서 두어 시간 동안에 4짜 삼치를 60여 마리를 낚기도 했었다.

♧ 우연은 항상 강력하다.
항상 낚싯바늘을 던져두어라.
전혀 기대하지 않았던 웅덩이에서 물고기가 낚일 것이다.

-오비 디우스-

나눔

집에서 자동차로 20여 분 거리에 바늘털이 농어와 국민 횟감 고기 광어, 손님 고기 삼치와 숭어, 우럭, 학꽁치, 풀치, 주꾸미와 갑오징어는 물론 낚시인들이 선망하는 감성돔까지 낚을 수 있는, 원도권(遠島圈) 못지않은 가까운 도보(徒步) 낚시터가 있어서 시간이 날 때마다 낚시하러 다닌다.

동해안이나 남해안과 달리 조수(潮水) 간만(干滿)의 차가 큰 데다가 수심(水深)이 얕고, 낚시 여건이 좋지 않은 서해 중부 내만권(內灣圈) 도보 낚시터에서 감성돔과 농어 등 대상어(對象魚)는 물론 손님 고기 광어와 삼치, 숭어, 우럭, 노래미, 주꾸미, 갑오징어, 망둑어, 풀치 등 물고기를 낚을 수 있는 확률, 조율(釣率)은 낮지만 자주 출조(出釣)하다 보니 제법 낚는다.

지난해는 아카시아 꽃이 피는 5월 중순부터 낙엽이 지는 늦가을까지 감성돔 원투낚시와 요즘 즐겨 다니고 있는 워킹 농어 루어낚시 등 80회 가까이 출조했는데 자주 낚시하다 보니 대상어를 낚을 수 있는 조율이 낮아도 그래도 제법 낚았다.

아쉽게도 선망하는 감성돔과 국민 횟감 고기 광어는 한 마리도 낚질 못했지만, 바늘털이 농어는 80cm 넘어가는 대물 농어(일명 따오기) 두 마리와 7짜 일곱 마리, 6짜 아홉 마리에 5짜 열아홉 마리 등 마흔두 마리를 낚았다. 여기에 4짜 삼치 60여 마리와 두지[二指] 반 안팎이 되는 풀치 20여 마리를 낚고 망둑어는 200마리 넘게 잡았다.

크기가 작은 망둑어와 풀치는 혼자서 먹기에도 부족한 양이지만, 70cm가 넘어가는, 3~4kg 이상 나가는 농어와 4짜 광어, 삼치 등은 혼자 다 먹지 못할 정도이다. 그래서 회 뜨기 적당한 60cm 안팎 되는 농어나 40cm 정도 되는 감성돔과 광어, 삼치 등을 잡으면 낚시 마치고 집으로 오는 길에 친구나 지인들에게 주기도 하고, 80cm가 넘어가는 대물 농어와 나머지 물고기들은 냉동고에 보관했다가 겨울철에 손질해서 햇볕과 바람에 꾸덕꾸덕하게 말린 뒤 친인척이나 반가운 친구들이 방문하면 선물하곤 한다.

10여 년 전 직장에서 퇴직한 뒤 하는 일 없이 집에서 산문이나 에세이 등 책을 읽고 글을 쓰면서 지내고 있다. 시골에서 조그만 텃밭 농사라도 지으면 고구마나 옥수수, 토마토, 오이와 호박, 상추, 가

지, 배추 등을 심어서 가까운 친인척이나 주변 이웃들과 나눠 먹을 수 있을 텐데 농사를 짓지 않아서 나눠 먹을 수 있는 게 아무것도 없다.

다행히 농사는 짓지 않더라도 소일거리 겸 맨손 어업(?) 낚시와 해루질 활동을 하면서 감성돔과 농어, 광어 등 횟감 물고기와 삼치와 우럭, 노래미, 주꾸미, 학꽁치, 풀치, 망둑어 등을 낚고, 바닷물이 많이 빠지는 사리 물때가 되면 고향 앞바다에 가서 소라와 골뱅이, 박하지, 백합, 동죽, 바지락, 피조개와 맛조개, 고둥, 해삼, 주꾸미 등 싱싱한 해산물을 잡아 친인척은 물론 가까운 친구나 주변 이웃들과 나눠 먹을 수가 있어서 너무 좋다.

♣ 사람에게 물고기를 주면 하루 먹거리를 주는 것이고,
사람에게 물고기 잡는 법을 가르치면 평생 먹거리를 주는 것이다.

-중국 속담-

경찰과 낚시꾼

경기도 의정부시에 사는 낚시꾼 J 씨, 중부고속도로에서 과속 운전을 하다가 교통경찰에 걸렸다. 경찰이 차를 세우자,

낚시꾼 J 씨가 "모처럼 낚시가는 길이라 마음이 들떠서 그랬습니다." 라고 말했다.

이 말을 들은 경찰이 J 씨를 그냥 보내줬다.

단속하던 교통경찰도 낚시꾼이었던 것이다.

♣ 떠나라, 그리고
더 많이 낚시하라.
-폴 퀴네트-

도보(徒步) 낚시

하늘의 뜻을 안다는 지천명(知天命), 우리 나이 쉰 살에 낚시에 입문했다. 적지 않은 나이에 낚시하다 보니 주로 집에서 가까운 갯바위나 방파제 등 도보권 낚시터를 다니고 있다. 다행히 집에서 자동차로 20여 분 거리에 5짜 감성돔과 80cm가 넘어가는 대물 농어를 만날 수 있는, 원도권(遠島圈) 못지않은 도보 낚시터가 있어서 봄부터 늦가을까지 출조(出釣)하고 있다.

도보 낚시의 좋은 점은 출조 시간과 경비가 절약되고, 해안가 갯바위나 방파제 등 포인트 접근이 쉽기 때문이다. 도보 낚시터에서 만날 수 있는 어종은 출조 지역과 낚시 장르에 따라 다르지만, 서해 중부 내만권(內灣圈)의 경우 낚시꾼들이 선망하는 감성돔부터 바늘털이 농어와 국민 횟감 고기인 광어, 손님 고기 숭어, 우럭, 삼치, 고등어, 전어, 노래미, 학꽁치, 풀치, 주꾸미, 갑오징어, 붕장어 등 잡히는 어종이 제법 다양하다.

단점은 서해 중부 내만권의 경우 조수(潮水) 간만(干滿)의 차가 큰 데다가 수심(水深)이 얕아서 낚시할 수 있는 갯바위도 많지 않고, 낚시할 수 있는 시간도 짧다. 또 남해안이나 동해안과 달리 서해안은 잡히는 어종도 다양하지 않고, 수심이 깊지 않아서 큰 물고기를 만나기 어렵다. 하지만 운 좋으면 가까운 도보 낚시터에서 5짜 감성돔을 낚을 수 있고, 80cm가 넘어가는 대물 농어(일명 따오기)도 만날 수 있다.

♣ 집 근처에서나 마찬가지로

고기가 잘 안 잡힐 것이라면,

구태여 10리씩이나 걸어서 낚시하러 갈 이유가 없다.

-마크 트웨인-

취미

삶에 여유와 활력을 불어넣고, 일상의 스트레스를 해소해 주는, 요즘 사람들의 취미 활동은 참으로 다양하다.

골프를 좋아하는 사람과 장기와 바둑을 두는 사람, 낚시와 수렵을 즐기고, 소라와 박하지, 해삼, 전복 등 해루질을 하고 수석(壽石)을 수집하고 분재를 하고, 음반과 우표와 화폐를 모으고, 도자기와 고서(古書) 등 골동품을 수집하는 사람, 독서를 하고 일기와 여행기 등 글쓰기를 하고, 서예를 하고 그림을 그리고 사진을 찍고, 자전거와 오토바이를 타고, 자동차 캠핑을 하고 여행을 다니고, 기타와 드럼을 치고 하모니카와 색소폰을 불고, 음악을 듣고 노래를 부르고 영화 감상을 하는 사람.

축구와 야구와 농구를 하고 볼링과 당구를 즐기고 탁구와 배드민턴과 테니스를 치는 사람과 헬스와 수영과 마라톤을 하고, 스키와 롤러스케이트를 타고 서핑을 즐기고 래프팅과 패러글라이딩을 하는 사람, 등산과 하이킹을 하고 산악자전거를 타고 암벽타기를 하는 사람과 요가를 하고 명상과 댄스 스포츠를 하는 사람.

이 밖에 음식 요리를 하고 맛집 탐방을 하고 화초를 가꾸고, 반려동물과 반려식물을 기르는 사람과 집짓기와 연탄 배달, 이발과 목욕, 노래 봉사와 급식 봉사 등 자원봉사 활동을 하고 블로그와 인스타그램, 유튜브, 트위터를 하는 사람 등등 요즘 사람들의 취미 활동은 헤아릴 수 없이 많다.

십 대 중고등학교 다닐 때는 바둑에 빠져 지냈고, 군대 가기 전, 이십 대 초반에는 헬스를 했었다. 직장에 다니던 삼십 대 초중반 무렵에는 당시 유행했던 동양화(일명 고스톱) 공부에 몰두했었고, 사십 대 초반에는 한동안 등산을 하고 난과 화초를 키우고, 볼펜과 만년필을 수집하고, 술도 마시지 못하는 사람이 값비싼 양주를 모으기도 했었다.

97년 IMF 외환위기 사대 이후 사십 대 중후반 즈음에는 사냥용 엽총을 사서 자동차를 타고 산과 들을 다니며 꿩이나 토끼, 멧돼지 등 수렵도 하고 싶었고, 사자와 코끼리, 기린과 표범, 타조 등 야생 동물들이 뛰어다니는 아프리카 초원을 여행하는 꿈을 꾸기도 했었다.

해인사와 통도사, 송광사, 길상사, 향일암 등 고즈넉한 사찰도 둘러보고, 마라도와 홍도, 매물도, 청산도, 울릉도 등 조용하고 한적한 섬 여행도 하고 싶었다. 서예를 배우고, 수묵화와 풍경화 등 그림을 그리는 꿈도 꾸었고, 드럼과 기타도 치고 하모니카와 색소폰을 불어보고 싶었다.

하늘의 뜻을 안다는 지천명(知天命), 오십 대에는 등산과 조깅을 하고 산문과 에세이 등 책도 읽고 망둑어와 숭어, 우럭, 감성돔, 백조기와 주꾸미 낚시와 해루질을 하면서 일기와 조행기(釣行記), 출조일지(出釣日誌)를 쓰고 자전 에세이『그리움은 가슴마다』,『행복한 백수』를 출간했다.

직장에서 퇴직한 후 귀가 순해진다는 이순(耳順), 육십 대에는 산과 나무에 물이 오르는 봄철에는 카메라와 배낭을 둘러메고 산행을 다니며 고사리를 꺾고 꽃과 나무 등 풍광 사진도 찍고, 가을철이 되면 밤과 도토리와 상수리를 주웠다.

바닷물이 많이 나가는 사리 때가 되면 고향 앞바다에서 소라와 골뱅이, 박하지, 백합, 동죽, 맛조개 등 해루질을 하고, 아카시아 꽃피는 5월이 되면 가슴 설레는 낚시를 하면서 인터넷 ○○낚시 사이트와 페이스북, 카카오톡 등 SNS 활동과『이름없는 풀꽃처럼』,『신나는 낚시와 해루질』,『새로운 출발』을 썼다.

예로부터 드물다는 고희(古稀), 일흔이 된 요즘의 내 취미는 선망하는 감성돔과 바늘털이 농어, 손님 고기 광어와 삼치, 우럭, 숭어, 망둑어 등 낚시를 하고, 사리 때마다 맨손어업, 소라와 골뱅이, 백합, 맛조개, 동죽 등 해루질을 하면서 출조일지(出釣日志)와 해루질일지를 쓰고 있다.

겨울철에는 산문과 에세이 등 책을 읽고 『영원히 행복해지려면 낚시를 배워라』, 『조행기』와 『여행기』 등 글을 쓰면서 여든 살까지 건강하게 낚시하고 해루질하기 위해서 매일 아침 스트레칭과 조깅을 하고 팔굽혀펴기와 스쿼트, 덤벨 운동을 하고 있다.

앞으로 10년 뒤 팔순(八旬)이 되면 도서관을 다니며 책을 읽고, 이따금 고향 앞 쌍도(雙島)와 방파제에서 숭어와 망둑어 낚시를 하고, 『노년 에세이』 등 글도 쓰고 서예를 배워볼까 한다.

> ♧ 낚시는 언제나 즐겁기만 하다.
> 어떤 곳에 가면 다른 곳에서보다
> 조금 더 즐겁다는 차이만 있을 따름이다.
> −조지 픽터−

고기잡이

"고기를 잡으러 바다로 갈까나 ♪♪ 고기를 잡으러 강으로 갈까나 ♪♫"
"이 병에 가득히 넣어 가지고서 ♪♪ 랄랄랄랄 랄랄랄라 온다야 ♬♪"

일흔이 된 나이에도 낚시 가는 전날 밤엔 소풍 가는 초등학생처럼 가슴이 설레어 잠이 오질 않는다.

어슴푸레한 새벽 낚시가방을 둘러메고 집을 나서면 기분이 좋아서 "고기를 잡으러 바다로 갈까나 ♪♪ 고기를 잡으러 강으로 갈까나 ♪♫" 고기잡이 동요 콧노래가 절로 나온다.

♣ 인생을 항해하는 데는 낚시를,
낚시는 취미가 아닌 인생이다.
−폴 퀴네트−

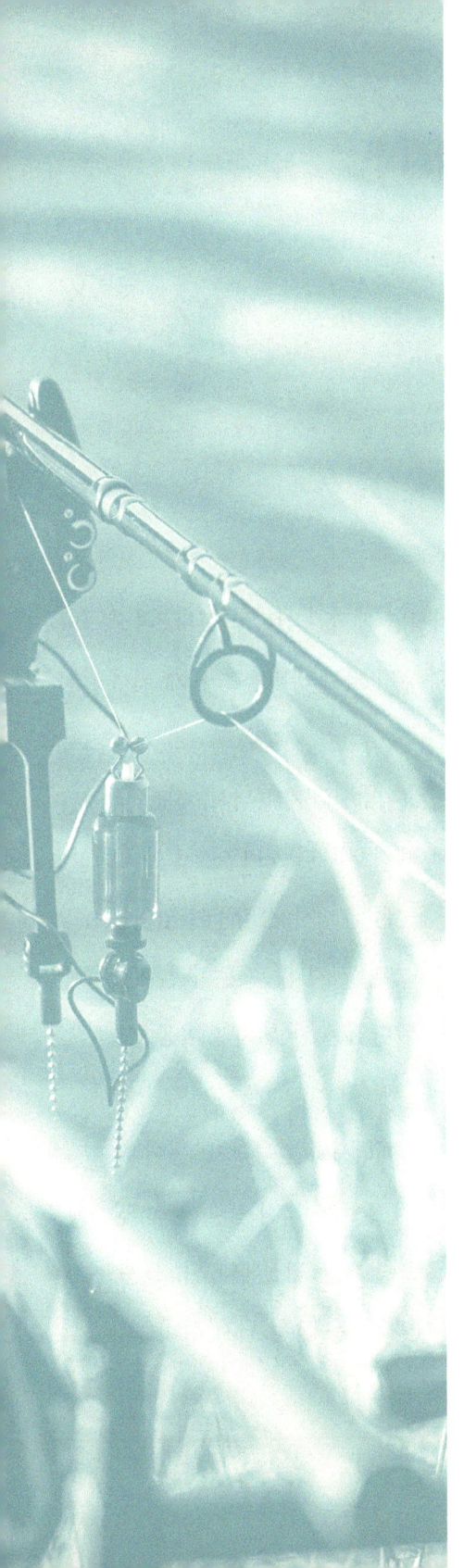

3부
낚시 가는 날

낚시에 빠지면

낚시꾼들이 흔히 하는 말로 낚시에 빠지면 배까지 산다고 한다. 과장된 말이지만 오래 낚시하다 보면 온갖 종류의 낚시 장비들을 사게 된다는 얘기다.

낚시에 빠져서 배까지 사지는 않았지만, 찌낚시와 원투낚시, 선상 낚시와 워킹 루어낚시 등 15년 넘게 낚시에 빠져 지내다 보니 아파트에 낚싯대와 릴, 뜰채, 낚시가방과 구명조끼 등 온갖 낚시 장비들이 넘쳐난다. 그동안 수많은 낚시 장비들을 장만하느라 적지 않은 돈이 들어갔다. 유명한 낚시광인 李○○ 탤런트처럼 억 단위는 안 되지만 이삼천만 원은 넘게 들어갔다.

15년 전 낚시에 입문하여 그동안 감성돔 찌낚시와 원투낚시, 농어 루어낚시, 백조기와 주꾸미 선상 낚시, 숭어와 망둑어 낚시 등 다양한 장르의 낚시를 하다 보니 장르별, 어종별로 사용하는 낚싯대와 릴, 뜰채, 구명조끼, 낚시가방, 낚시신발, 모자, 루어와 찌 등 온갖 낚시 장비들이 넘쳐난다.

먼저 낚싯대가 많다. 장르별, 어종별로 감성돔 찌낚싯대가 2호대와 1호대가 한 대씩 있고, 0.8호대가 두 대 있다. 또 요즘 자주 사용하고 있는 워킹 농어 루어낚시대가 10.9피트부터 10피트와 9.6피트, 9.2피트까지 네 대 있고, 선상 주꾸미 낚싯대와 백조기 낚싯대가 있다. 여기에 원투낚싯대가 세 대 있고 감성돔과 숭어, 우럭, 학꽁치 낚시용 민장대가 세 칸 반(6.2m)대와 두 칸 반(4.5m), 두 칸(3.6m) 등 세 대 있다. 이밖에 예비 초릿대도 릴 낚싯대와 민장대 호수(칸수)별로 한두 개씩 있다.

릴도 감성돔 찌낚시와 농어 루어낚시용 스피닝 릴이 스텔라 2500번과 C3000번 세 개 있고, 백조기와 우럭, 주꾸미 등 선상 낚시용 트윈파워 2500번 릴이 있다. 여기에 원투낚시용 5000번 릴과 6000번 릴이 있다. 이밖에 채비 교체용 보조 스풀이 용도별 호수별로 네 개 있고, 스풀 보관집과 릴 보관 주머니, 릴 커버 등이 있다.

뜰채도 장르별로 있다. 찌낚시용 5.5m 뜰채와 농어 랜딩용 3m 뜰채가 있고, 민물낚시 및 해루질 겸용 2m 뜰채가 있다. 뜰채 후레임과 뜰망이 장르별, 어종별로 두세 개씩 있고, 뜰망 케이스 서너 개에 뜰채 수리용 유도탄과 뒤마개도 두세 개 있다.

낚시가방도 많다. 낚싯대와 뜰채, 밑밥주걱, 막대찌 등을 수납하는 로드케이스가 두 개 있고, 간편한 포터블 로드케이스와 원통형 로드케이스가 있다. 여기에 스판 로드케이스와 루어 로드케이스가 서너 개씩 있고, 로드와 뜰채 등을 묶는 로드 벨트도 두세 개 있다.

로드케이스 외 낚시 소품과 음료수 등을 수납하는 찌낚시 보조 가방이 있고, 살림통과 밑밥통이 서너 개 있다. 이밖에 부력 살림망과 갯바위 청소용 두레박 두 개, 미끼통 세 개, 주걱꽂이와 밑밥주걱이 네댓 개 있고, 낚싯바늘과 좁쌀 봉돌, 도래, 구슬 등을 수납하는 포켓용 태클 케이스가 세 개 있다.

찌도 감성돔과 숭어, 학꽁치 등 어종별, 호수별로 있다. 주로 사용하고 있는 막대찌가 0.5호부터 0.8호와 1호, 1.5호 등 스무 개 넘게 있고, 발전소 배수구에서 사용하는 고부력 관통찌가 1호부터 3호까지 호수별로 서너 개씩 있다. 여기에 전자 막대찌와 소형 막대찌가 두세 개씩 있고 이 밖에 구멍찌 대여섯 개, 학꽁치 낚시용 연주찌와 목줄찌가 두 개 있다.

수중찌도 용도별 호수별로 있다. 용도에 따라 크기가 큰 수중찌와 원투용 수중찌, 순간 속공찌 등 다양하게 있는데 용도별 호수별로 1.5호부터 1.2호와 1호, 0.5호까지 50~60개 있다. 이밖에 잔존 부력을 맞추기 위한 고무 봉돌과 스테인리스 봉돌도 호수별로 있고, 막대찌를 보관하는 2개, 구멍찌를 수납하는 찌 케이스와 찌 건지개 등이 있다.

낚시용 의류와 신발도 많다. 먼저 구명조끼가 두 개 있고 루어 조끼와 민물 조끼가 세 개 있다. 신발은 갯바위 단화와 장화가 있고, 워킹 루어낚시 할 때 신는 허벅지 장화가 있다. 모자는 벙거지형 모자와 썬캡 등 예닐곱 개 있고, 이 밖에 장갑과 낚시수건, 토시와 손목 보호대, 햇빛 가리개, 햇빛 차단 마스크, 넥워머, 힙가드 등이 있다.

낚싯줄도 용도별, 호수별로 있다. 요즘 많이 사용하고 있는 농어 루어낚시용 합사가 1.2호와 1.5호 등 대여섯 개 있다. 나일론 원줄은 감성돔과 농어 찌낚시용 2.5호와 3호, 4호가 있고, 원투낚시용으로 5호와 6호가 있다. 카본 목줄도 감성돔 원투낚시와 농어 루어낚시용 4호와 5호, 6호가 있고, 감성돔 찌낚시용으로 1.2호와 1.75호, 2호 등 호수별로 있다.

낚싯바늘도 어종별, 호수별로 다양하게 있다. 감성돔 원투낚시용 바늘이 10호부터 8호와 7호가 있고, 찌낚시용 바늘은 5호부터 4호와 3호, 2호까지 호수별로 있다. 이 밖에 농어 낚싯바늘과 망둑어 낚싯바늘, 학꽁치 낚싯바늘이 있고, 사용하지 않는 벵에돔 낚싯바늘도 있다.

봉돌도 용도별, 호수별로 있다. 우럭과 광어, 백조기 등 선상 낚시할 때 사용하는 봉돌이 20호부터 30호, 40호, 50호까지 호수별로 있고,

감성돔 원투낚시용 봉돌도 12호부터 14호와 16호까지 있다.

낚시채비 소품도 많다. 소품은 구슬과 도래, 완충 고무 등이 있는데 구슬은 큰 구슬과 작은 구슬, 반 구슬이 있고, 도래는 일반 맨도래와 핀도래, 스냅 도래에 루어낚시용 롤링 스냅도래, 백조기와 우럭 등 낚시 채비에 필요한 삼각 도래가 있다. 완충 고무는 O형과 Y형 고무와 찌멈춤고무가 있고, 기타 소품으로 찌 홀더와 찌멈춤봉, 면사매듭, 초릿대 실, 집어제와 인조 미끼 등이 있다.

이뿐만이 아니다. 기타 용품으로 스풀 밴드와 릴 세척용 오일과 구리스, 염분 중화제가 있고, 기포기와 낚싯대 받침대, 라인커터, 지렁이 끼우기, 야간 낚시할 때 사용하는 헤드랜턴과 캡라이트, 케미꽂이, 릴 대 끝보기와 전자 케미 등이 있다.

이 밖에 편광 안경과 안경 케이스, 안경 걸이 줄, 비상용 호루라기, 낚싯줄 감개와 바늘 걸이, 바늘빼기, 수리용 탑 가이드와 로드 슈즈, 낚시 소품 분실방지용 안전고리와 카라비너, 미니 로프, 수축 고무, 차량 트렁크 받침대, 낚싯대 수리용 에폭시, 포켓용 핫팩, 모기와 진드기 기피제, 냄새 제거제 등 헤아릴 수 없이 많다.

농어와 삼치, 광어 등 루어낚시 채비도 많다. 루어낚시는 워킹 낚시용 백팩과 보조 가방이 있고 미노우, 바이브레이션, 메탈지그 등 루어와 지그헤드, 웜, 스푼, 에기 등이 있는데 물에 뜨는 플로팅 미노우와 가라앉는 싱킹 미노우가 있고, 릴링하면 수중에서 진동을 일으키는 바이브레이션과 꼬리에 날개가 달린 스핀 바이브레이션, 멸치 모양의 메탈지그와 지그헤드가 있다.

요즘 농어 루어낚시할 때 사용하는 미노우는 무게와 색상별로 100여 개 있고, 바이브레이션도 무게와 색상별로 100개 넘게 있다. 지그헤드도 무게(온스)별로 있고, 웜도 크기와 색상별로 있다. 여기에 삼치 낚시용 메탈지그와 스푼이 호수별로 10여 개씩 있고, 주꾸미와 갑오징어 낚시할 때 사용하는 에기도 색상별로 20~30개 있다.

또 있다. 감성돔과 농어 등 꿰미가 세 개 있고, 립그립과 클립퍼가 있나. 플라이어도 일빈 플리이어와 미니 플라이어가 있고 이 밖에 니퍼와 피싱용 포셉, 가프, 줄자와 이지클립, 예비 트레블 훅과 훅 캡, 스플릿 링, 웜 집어제, 루어 바늘걸이, 포켓용 피싱 칼과 회칼 두세 개, 비늘 제거기 등 셀 수없이 많고 낚시 관련 책도 두 권이나 있다.

수납공간이 부족한 아파트에서 수많은 낚시 장비와 온갖 소품을 거실과 베란다 등 여기저기에 보관하다 보니 집안도 어수선하고 출조할 때 필요한 낚시 장비들을 쉽게 찾을 수가 없었다. 그래서 몇 해 전 낚싯대와 릴, 뜰채, 낚시가방과 찌와 루어 등 낚시 장비와 소품 등을 보관할 수 있는 수납장을 장만해서 관리하고 있는데 아직 정리하지 못한 낚시 장비와 용품들이 많다.

고민 끝에 지난해부터 중복되는 낚싯대와 사용하지 않는 낚시 장비들을 정리하고 있다. 지난해는 사용하지 않는 2호 낚싯대와 1.2호 낚싯대, 구멍찌를 처분했고, 올해는 중복되는 낚싯대 두세 대와 뜰채와 릴, 살림망과 기포기, 미끼통과 밑밥주걱과 낚싯바늘을 정리했다. 아파트에 낚시 장비들이 많아서 갯바위 신발과 낚싯줄 등 소모품을 제외한 다른 낚시 장비는 더 사지 않기로 했다.

♧ 낚시가 사람들을 서서히 철학자로 만든다는 사실을 학자들은 오래전부터 알았다. 그러나 안타깝게도 철학자의 수입으로는 제대로 된 낚시 장비를 마련하기가 거의 불가능하다.

-패트릭 매마너스-

바늘털이

요즘 즐겨 다니고 있는 농어 루어낚시의 묘미는 묵직한 손맛과 화려한 바늘털이를 보는 눈맛에 있다. 어슴푸레한 새벽, 80cm가 넘어가는 대물 농어를 히트하여 밀고 당기는 실랑이를 벌일 때, 릴 스풀이 풀려 나가는 다이내믹한 손맛과 화려한 바늘털이를 접해본 사람들은 그 가슴 짜릿한 눈맛을 잊을 수가 없다.

여름 바다의 난폭자라 불리는 대물 농어의 바늘털이는 상상을 초월할 정도로 강력하다. 80cm가 넘어가는 대물 농어는 파이팅을 하는 도중 루어를 문 채 낚싯줄을 끊고 달아나기도 하고, 루어 낚싯바늘이 약한 입술 언저리에 걸렸을 때는 한두 차례의 바늘털이로 파이팅이 끝나 버리게 된다.

농어의 바늘털이는 크기에 따라 다양하게 한다. 40cm 안팎 되는 작은 농어(깔따구)는 훅킹이 되면 곧바로 수면으로 뛰어오르며 정신없이 바늘털이하고, 50~60cm 중치급 농어는 한동안 옆으로 빠르게 내빼다가 약간의 여윳줄을 주면 수면 위로 튀어 오르며 바늘털이를 한다.

80cm 넘어가는 농어(일명 따오기)는 훅킹 후 낚싯대를 세우고 파이팅을 하면 마치 대물 감성돔처럼 한동안 좌우로 묵직하게 왔다 갔다 하면서 강렬하게 저항을 한다. 릴링 후 낚시 자리 앞 갯바위 쪽으로 끌고 오면 이무기 같은 시커먼 머리를 수면 위에 내밀고 바늘털이를 하는데 발앞 가까이 끌고 와서 뜰채를 들이대면 또 한 번 이리저리 내쩨며 저항한다.

♣ 이빨이 있는 물고기가 낚인 다음에는 채비를 점검하라.

-일본 속담-

낚시꾼 D

경기도 시흥시에 사는 D 씨는 지난해 바다낚시에 입문했다. D 씨는 바다 낚시꾼들의 선망의 대상인 감성돔을 낚기 위해서 ○○낚시회 가입하고 20만 원의 회비를 냈다.

낚시꾼 D 씨는 토요일 저녁 9시에 출발하는 ○○낚시회 출조 버스를 타야 하는데 그날따라 야근이 걸렸다. 고민 끝에 일본에서 삼촌이 왔다고 거짓말을 둘러대고 회사를 빠져나왔다. D 씨는 전남 완도항에서 졸린 눈을 비비며 해장국을 전투식량처럼 먹어치우고 새벽 6시 무렵 낚싯배에 몸을 실었다.

D 씨는 기름 냄새나는 좁은 선실에서 한 시간 동안 뱃멀미에 시달리고 나서야 청산도에 닿았다. 푸른 바다를 보자 금방 감성돔이 낚일 것만 같았다. 낚시꾼 D 씨는 감성돔을 기대하며 예닐곱 시간 열심히 낚시했지만 한 마리도 낚지 못했다. 선배 낚시인들이 "이 정도 꽝은 예사."라며 허탈감에 빠져 있는 D 씨를 위로했다.

낚시꾼 D 씨는 오후 2시 무렵 철수하는 낚싯배를 탔다. 올라오는 휴일 고속도로는 정체가 심했다. D 씨는 자정을 넘기고 이튿날 월요일 새벽 1시 무렵에야 경기도 시흥 집에 도착했다. D 씨 아내는 새벽에 지친 몰골로 집에 들어오는 낚시꾼 남편을 보고 말이 나오지 않았다.

"감성돔 한두 마리의 손맛을 보기 위해서 일곱 시간 낚시에, 배와 버스로 오가는 시간까지 그 많은 시간을 허비하다니?" D 씨의 아내는 낚시꾼 남편을 도무지 이해할 수가 없었다.

🐟 낚시는 인내심의 싸움이다.
가장 인내심이 있는 사람이 가장 많은 물고기를 잡는다.

-워싱턴 어빙-

아바사

조수 간만의 차가 큰 데다가 수심(水深)이 얕고 낚시 환경이 열악한 서해 중부 내만권(內灣圈)에 숭어와 우럭, 학꽁치, 백조기와 붕장어, 주꾸미 낚시는 물론 감성돔 찌낚시와 원투낚시, 농어와 광어, 삼치 루어낚시 등 다양한 낚시를 할 수 있는 ○○갯바위가 있다.

서해 쪽으로 갈고리처럼 뻗어 나온 반도 지형 끝자락에 있는 ○○갯바위는 마량진 성경 전래지 기념관 주차장에서 도보(徒步)로 7~8분이면 들어갈 수 있어서 주말이나 국경일 등 공휴일은 물론 평일에도 많은 낚시인이 이곳 낚시터를 찾는다.

해마다 낚시 시즌이 되면 감성돔 찌낚시와 원투낚시 등 자주 출조하는 ○○갯바위는 수도권과 인근 낚시꾼들의 발길이 잦다보니 낚시터 입구와 갯바위 주변에 낚시꾼들이 쓰다 버린 밑밥과 음료수 캔, 페트병, 비닐봉지, 스티로폼과 일회용 플라스틱 그릇에 음식물 찌꺼기까지 온갖 쓰레기들이 보기 흉하게 쌓여있다.

지각없는 낚시꾼들이 낚시터에서 음식을 먹고 낚시가 끝나면 밑밥 찌꺼기와 음식물 쓰레기들을 자신이 낚시했던 갯바위 주변에 버리고 가기 때문이다. 낚시꾼이 낚시하러 온 것인지, 쓰레기 무단투기꾼이 낚시터 주변 갯바위에 쓰레기를 버리려고 온 것인지 정말 볼 때마다 한숨이 나온다.

낚시터 쓰레기 문제는 이곳 ○○갯바위뿐만이 아니다. 전국 해안가 갯바위와 방파제 등 낚시터 주변이 낚시꾼들의 쓰레기로 인한 환경 오염 문제가 갈수록 심각해져 가다 보니 일부 지자체에서 몇몇 도서(島嶼)들을 자연 생태계 보호와 환경 보존을 위해서 '입도(入島) 금지 구역'으로 지정하고, 바닷가 마을 주변에 방파제(또는 방조제)가 있는 어촌계는 방파제 입구에 철망을 둘러치고 낚시인들의 출입을 봉쇄하기도 했었다. 안타까운 현실이 아닐 수 없다.

10여 년 전 낚시인들이 '아바사(아름다운 바다를 만드는 사람들)' 인터넷 카페 모임을 만들었다. '아름다운 우리 바다! 우리 스스로 깨끗하게 보호합시다!' 라는 캐치프레이즈를 내걸고 낚시인들이 자발적으로 갯바위와 방파제 등 낚시터 주변 쓰레기를 수거하면서, 낚시터를 청소하는 미담 사례와 갯바위나 방파제에 쓰레기 투기하는 것을 감시하고 고발하는, 낚시터 보존을 위한 환경 운동을 벌였다.

인터넷 ○○낚시 사이트 회원들을 중심으로 낚시 관련 조구(釣具) 업체와 낚시점 점주, 낚싯배를 운영하는 선장들이 '아바사' 운동에 동참하여 자발적으로 성금을 모아 낚시터 쓰레기 수거용 봉투를 제작하고, 홍보용

스티커와 와펜 등을 만들어서 전국 낚시인들에게 무료로 배포했다.

해양수산부에서 어족 자원 보호와 낚시인들로 인한 자연환경 훼손 방지 등을 이유로 낚시면허제 도입 문제가 제기되고 있는 요즈음 정말 다행한 일이 아닐 수 없다. 모쪼록 '아바사' 카페 모임 운동이 활성화되어 전국에 있는 갯바위와 방파제 등 낚시터 주변이 깨끗하게 보존이 되었으면 한다.

낚시인이 낚싯대와 릴, 뜰채, 구명조끼, 낚싯줄과 낚싯바늘, 찌와 루어 등 아무리 훌륭한 낚시 장비가 있고, 감성돔이나 참돔, 농어, 광어 등 대상어(對象魚)를 낚는 뛰어난 낚시 기술과 물고기를 유혹하는 좋은 밑밥과 미끼가 있어도 갯바위와 방파제 등 낚시터가 없으면 낚시할 수 없다. 그만큼 낚시터는 낚시인에게 그 무엇보다도 소중한 곳이다.

낚시인은 '아바사' 카페 모임의 캐치프레이즈처럼 아름다운 바다와 낚시터를 보존하기 위해서 자신이 낚시했던 갯바위와 방파제 등 낚시터 주변에 쓰레기를 버리지 말고 낚시한 흔적을 남기지 않아야 한다. 소중한 낚시터인 갯바위나 방파제에서 즐겁게 낚시하고 집으로 돌아갈 때는 다음에 오는 낚시인들을 위해서 낚시 자리 주변을 깔끔하게 정리하고,

자신이 가져온 쓰레기는 반드시 되가져 가야 한다.

공공장소 화장실에 가면 화장실 문에 '아름다운 사람은 머문 자리도 아름답습니다.'라는 문구가 있다. 해안가 갯바위와 방파제(방조제) 등 낚시터 주변 쓰레기 문제가 갈수록 심각해지고 있는 요즈음 절실하게 다가오는 말이다.

낚시인은 바다는 물론 갯바위와 방파제 등 낚시터 주변이 깨끗하고 쾌적해야 레저 활동인 낚시를 즐길 수 있고, 낚시인들이 선망하는 감성돔이나, 참돔, 농어, 벵에돔 등 물고기도 낚을 수 있다. 모든 낚시인은 '아름다운 사람은 머문 자리도 아름답습니다.'라는 공공장소 화장실 문구처럼 낚시인이 머물렀던 자리, 갯바위나 방파제 등 낚시 자리가 아름다워야 한다.

분주하게 돌아가는 바쁜 일상에서 벗어나 탁 트인 바다에 나가 취미 활동인 낚시를 하면서 일상의 스트레스도 풀고, 선망하는 감성돔이나 바늘털이 농어 등 대상어(對象魚)를 낚는 것도 중요하지만 모든 낚시인은 아름다운 바다와 소중한 낚시터를 보존하기 위해서 쓰레기 수거는 물론 자신이 낚시했던 갯바위와 방파제 등 낚시 자리 주변을 깨끗하게 정리하여야 한다.

갯바위와 방파제(방조제) 등 낚시터는 물론 주변 환경을 훼손하고, 쓰레기를 버리는 사람은 낚시인이 아니다. 깨끗한 바다와 낚시터 보존을 위해서 '아름다운 바다를 만드는 사람들(아바사)'과 자신이 낚시했던 갯바위와 방파제 등 낚시터 쓰레기를 수거하고 청소하는 아름다운 낚시인들이 많았으면 좋겠다.

추록) 아쉽게도 '아바사' 카페 모임은 1~2년 전 휴면이 되었고, 감성돔 찌낚시와 원투낚시 등을 하던 ○○낚시터는 갯바위 주변에 해안 탐방로가 생기는 바람에 없어지고 말았다.

♣ 낚시는 지식에 대한 탐구이자 자연의 아름다움에 대한 감상이다.
-존 버컨-

오르가슴

어슴푸레한 새벽 무렵이나 야간 낚시할 때, 오랜 기다림 끝에 어신(魚信)이 들어와서 붉은 케미 라이트를 꽂은 찌가 바닷물 속으로 빨려 들어가면 주변 바닷물이 뻘겋게 물들어간다. 그 순간 가슴이 벌렁거리고 온몸이 짜릿짜릿해지면서 자신도 모르게 '헉!' 하는 소리가 절로 나오게 된다.

어쩌다 운 좋게 5짜 감성돔이나 80cm가 넘어가는 대물 농어 입질이 들어와서 챔질하면 채비가 바닥에 걸린 것 같은 둔탁한 느낌이 든다. 훅킹 후 낚싯대를 세우고 파이팅을 하면 5짜 감성돔과 대물 농어의 강렬한 생동감이 온몸으로 전해져 오는데 다리가 후들거리고 가슴이 벌렁거리는 짜릿한 느낌은 직접 경험해 본 낚시인들만이 알 수가 있다.

동이 트기 전 어슴푸레한 새벽, 80cm가 넘어가는 농어(일명 따오기)를 히트하여 파이팅을 벌일 때, 이무기 같은 농어가 수면 위로 시커먼 머리를 내밀고 바늘털이를 하고 50cm가 넘는 대물 감성돔과 힘겨루기를 벌일 때, 릴 스풀이 찌~이익 찌~이익 역회전 소리를 내면서 낚싯줄이 풀려나가고 낚싯대가 부러질 듯 요란하게 춤을 추면, 가슴은 벌렁거리고 숨소리는 가빠지며 두 다리가 후들거리는 이 느낌은 오르가슴보다 더 짜릿짜릿하다.

(민물낚시에서 붕어 낚시꾼들은 오랜 기다림 끝에 어신이 들어와서 찌가 오르는 모습을 볼 때 오르가슴이 온다고 하는데 이를 '찌르가슴'이라고 한다.)

♧ 낚시는 칠순에도 오르가슴을 하는 행위이다.

낚시꾼과 소주

술을 마시지 못한다. 낚시꾼이 술을 못 마시다 보니 감성돔과 농어, 광어, 우럭 등 횟감 고기를 낚아도 회를 뜨지 않는다.

술을 마실 줄 안다면 갯바위에서 직접 잡은 물고기 회를 뜨고, 친구들과 술 한잔을 하면 좋으련만 비싼 횟감 물고기를 낚아도 회로 먹지 못하고 있다. 탁 트인 바다에서 친구들과 상쾌한 바닷바람을 쐬면서 갓 잡은 싱싱한 회에 소주 한잔 마시는 멋진 낭만의 시간을 갖지 못해서 아쉽다.

낚시꾼이 횟감 고기인 감성돔과 농어, 광어, 우럭 등을 낚으면 회를 뜨지 않고 냉동고에 보관했다가 겨울철에 손질하여 바람과 햇볕에 1~2주 정도 꾸덕꾸덕하게 말린 뒤 찜을 해서 먹는다. 깔따구와 광어 등 작은 고기는 이따금 탕을 끓여 먹기도 하고.

♣ 낚시는 가슴 설레는 추억을 만드는 것이다.

낚시하려면

찌낚시와 원투낚시, 선상 및 워킹 낚시 등 여러 장르의 낚시를 두루 하려면 낚싯대와 릴, 뜰채, 구명조끼와 낚시신발, 낚싯줄, 낚싯바늘, 찌와 루어 등 많은 낚시 장비와 갯바위와 방파제 등 낚시터가 필요하고, 상르빌, 어종별 다양한 낚시 방법을 알아야 한다. 여기에 부지런해야 하고, 손재주도 필요하고 체력과 담력도 있어야 한다.

먼저 낚시하려면 부지런해야 한다. 민물낚시든 바다낚시든 모든 낚시는 해 뜰 무렵이나, 해 질 무렵이 물고기들이 먹이 활동을 하는 피딩 타임이다. 그래서 경험이 많은 낚시꾼들은 동이 트기 전 어슴푸레한 새벽 무렵이나, 해가 지고 어둑어둑해지는 저녁 시간에 낚시한다.

물고기의 먹이 활동이 활발한 새벽 피딩 타임에 낚시하려면 해 뜨기 한 시간 전에 낚시터에 도착해야 한다. 5시에 해가 뜨는 여름철에는 두 시간 전인 3시쯤 자리에서 일어나야 해뜨기 한 시간 전에 갯바위에 도착해서 낚시채비를 하고 피딩 타임에 낚시할 수가 있다.

낚시할 때도 부지런해야 한다. 감성돔이나 참돔 등 찌낚시 할 때는 포인트 예상 지점에 부지런히 밑밥을 뿌려주고, 수시 뒷줄 견제를 하며, 미끼도 자주 확인해야 한다. 농어 루어낚시 할 때는 날씨와 물때, 조류(潮流)와 수심(水深)과 파도와 바람과 물색 등 바다 상황에 따라 플로팅 미노우와 싱킹 바이브레이션 루어를 색상별로 수시 교체해야 하고, 네댓 번 캐스팅해서 입질이 없으면 자주 포인트를 옮겨 다녀야 한다. 찌낚시든 루어낚시든 선상 낚시든 낚시꾼은 부지런하지 않으면 대상어(對象魚)를 쉽게 낚을 수 없다.

  낚시를 마치고 집에 돌아와도 쉴 새가 없다. 낚싯대와 릴, 뜰채, 미노우와 바이브레이션 등 루어, 낚시가방과 낚시신발 등 바닷물에 젖은 낚시 장비는 금방 부식되기 때문에 곧바로 수돗물로 닦고, 오일과 구리스 등 기름도 치고 깨끗하게 관리해야 한다.

  다음은 체력이 있어야 한다. 몇 해 전부터 두세 시간 캐스팅과 릴링을 해야 하는 농어 루어낚시를 즐겨 다니고 있다. 워킹 농어 루어낚시는 2~3분에 한 번 정도로 자주 캐스팅을 하고 릴링해야 하는데 한 시간이면 20~30번 넘게 한다.

  자리가 불편한 테트라포드나 지형이 험한 갯바위에서 캐스팅과 릴링을 하고 호핑이나 트위칭을 하면서 두세 시간 루어를 감아 들이는 동작을 반복하려면 왕성한 체력이 있어야 한다. 여기에 워킹 농어 루어낚시는 대여섯 번 캐스팅해서 입질이 없으면 포인트를 이동해야 한다.

  무더운 여름날 물기가 있는 갯바위나 구조물이 복잡하게 들어선 테트라포드를 옮겨 다니며 캐스팅과 릴링을 반복하다 보면 금세 온몸에 땀이 비 오듯 흐르고 숨이 절로 턱턱 막힌다. 여름철에 활동이 왕성한 농어를 낚고자 하는 워킹 농어 루어낚시꾼은 미끄러운 갯바위와 경사진 테트라포드를 다니며 두세 시간 캐스팅과 릴링을 반복할 수 있는 체력이 있어야 한다.

일흔이 된 요즈음 워킹 농어 루어낚시를 하려고 열심히 운동하고 있다. 무더운 여름날 갯바위와 테트라포드를 오가며 수십 번 캐스팅과 릴링을 할 수 있는 체력을 기르기 위해서 새벽마다 스트레칭과 조깅을 하고, 팔굽혀 펴기와 스쿼트, 덤벨 들기 등 열심히 체력 단련을 하고 있다.

손재주도 좋아야 한다. 감성돔 흘림 찌낚시와 원투낚시, 루어낚시 등 다양한 장르의 낚시를 하다 보면 지형이 험한 갯바위나 자리가 불편한 테트라포드에서 낚싯대를 펴고 접는 과정이나, 채비를 캐스팅하고 챔질하는 도중 초릿대가 부러지는 경우가 종종 발생하기 때문에 낚시인은 부러진 초릿대나 가이드 등을 직접 자가 수리할 수 있는 손재주가 있어야 한다.

여기에 어종별, 장르별 다양한 낚시채비 방법도 숙지해야 하고, 낚싯바늘을 묶고, 도래를 매고, 원줄과 목줄을 연결하는 직결 매듭법과 전차 매듭법도 알아야 한다. 또 농어 루어낚시의 경우에는 녹이 슬거나 무뎌진 루어 바늘을 수시로 교체해야 하고, 머리카락 굵기만 한 합사줄과 쇼크리더를 매듭 없이 묶는 FG 노트나 이지 블러드 노트 등 다양한 매듭법도 알아야 한다.

회도 뜰 줄 알아야 한다. 아쉽게도 술을 마시지 못해서 회를 뜨지는 못하지만, 낚시꾼이라면 회도 뜰 줄 알아야 한다. 탁 트인 바다에서 갓 잡은 감성돔과 농어, 광어, 우럭 등 싱싱한 회를 떠서 친구들과 술 한 잔 마시는 여유와 낭만을 누릴 수 있어야 한다.

겁도 없고 무서움을 모르는 담력도 있어야 한다. 민물이든 바다든 모든 물고기는 환한 낮보다 캄캄한 밤에 활동을 많이 하고, 어슴푸레한 새벽 무렵이나 어둑어둑해지는 저녁 무렵에 먹이 활동을 한다. 그래서 낚시꾼들은 주간(晝間) 낚시보다 어슴푸레한 피딩 타임이나 야간 낚시를 많이 하고 있다.

집에서 자동차로 20여 분 거리에 감성돔 찌낚시와 원투낚시 등을 할 수 있는 ○○갯바위가 있다. 이곳 낚시터에 들어가려면 키 큰 소나무와 참나무가 무성한 숲길을 10여 분 걸어가야 하는데 길옆에 7~8기의 묘가 있어서 한낮에도 혼자 다니기가 무섭다.

 달도 뜨지 않은 깜깜한 새벽 3~4시 무렵, 혼자 소나무와 참나무가 무성한 시커먼 숲길과 7~8기의 묘지 옆을 지나서 ○○갯바위에 들어가려면 웬만한 담력 없이는 지나다닐 수가 없다. 무서움을 모르는 담력이 있어야 칠흑같이 깜깜한 밤에 갯바위나 테트라포드에서 야간 낚시를 할 수 있다.

♤ 낚시는 물고기도 낚지만,
자연도 낚고, 인생도 낚고, 건강도 낚는다.

워킹 농어 루어낚시

요즘 즐겨 다니고 있는 워킹 농어 루어낚시는 많은 체력을 요구한다. 무더운 여름날 지형이 험한 갯바위와 경사진 테트라포드에서 두세 시간 포인트를 옮겨 다니며 2~3분마다 캐스팅하고 호핑과 트위칭을 하면서 릴링을 반복하다 보면, 젊은 낚시꾼들도 금방 파김치가 될 정도로 힘들어하는 낚시이다.

여름날 미끄러운 갯바위와 테트라포드에서 파김치가 될 정도로 힘든 워킹 농어 루어낚시를 즐겨 하는 이유는 무엇 때문일까? 낚시인마다 그 사유가 다르겠지만 일흔이 된 내가 젊은 낚시꾼들도 힘들어하는 워킹 농어 루어낚시를 즐겨 다니는 이유는 낚시는 꿈과 설렘이 있고, 기다리는 즐거움과 행복이 있기 때문이다.

♣ 낚시는 기다림이다.
기다릴 줄 아는 사람은 바라는 것을 얻을 수 있다.

낚시 단상 II

어느덧 바다낚시 경력이 20년이 넘어간다. 한일 월드컵이 열리던 2002년 고향 앞바다에서 망둑어 낚시를 하다가 이듬해 숭어낚시를 배웠다. 이후 감성돔 찌낚시와 원투낚시, 루어낚시, 선상 낚시 등 다양한 장르의 낚시를 하게 되었다.

친구들과 한두 차례 백조기와 주꾸미 선상 낚시도 하지만 주로 집에서 가까운 갯바위와 방파제에서 감성돔 찌낚시와 원투낚시, 농어와 삼치, 광어 등 워킹 루어낚시를 하고, 가을철이 되면 이따금 숭어와 우럭, 풀치, 학꽁치, 망둑어 낚시를 한다.

먼저 시즌 초에 출조(出釣)하는 감성돔 원투낚시다. 바다 수온이 오르기 전, 시즌 초반 무렵에는 찌낚시보다 원투낚시가 입질 받을 확률이 빠르고 높다. 출조 지역과 낚시꾼에 따라 차이가 있지만, 서해 중부 내만권에서 찌낚시로 감성돔을 낚을 수 있는 확률이 30~40%가 조금 넘을까 하는데 원투낚시는 50~60% 정도로 확률이 높다.

감성돔 원투낚시 장점은 채비가 단순하고, 출조 비용도 적게 들고, 낚시하는 것도 간편하고 쉽다. 단점은 낚싯대와 릴, 낚싯줄, 봉돌 등 낚시 채비를 무겁고 강하게 운용하기 때문에 찌낚시처럼 섬세하고 짜릿한 손맛은 볼 수 없지만 어슴푸레한 새벽 무렵이나 야간 원투낚시 할 때 파란 케미 라이트를 꽂은 초릿대가 까만 어둠 속에서 반딧불처럼 춤을 추는 환상적인 어신(魚信)을 보는 눈맛이 있다.

다음은 감성돔 찌낚시다. 서해 중부권 감성돔 찌낚시는 아카시아 꽃이 피는 5월 중순부터 낙엽이 지는 늦가을 무렵까지 한다. 봄철 시즌 초반에는 대물 감성돔이 입질하기 때문에 힘이 강한 1호 낚싯대를 사용하고, 이후에는 가볍고 손맛 보기 좋은 0.8호 낚싯대로 낚시한다.

감성돔 찌낚시의 매력은 오랜 기다림 끝에 어신이 들어와서 찌가 바닷물 속으로 빨려 들어가는 것을 보는 눈맛과 4짜 중후반 이상 대물 감성돔이 입질했을 때 낚싯대를 세우고 펌핑을 하면 아래로 쿡쿡 처박으며 강렬하게 저항하는 짜릿한 손맛을 보는 것이다.

숭어 민장대 낚시도 재미있다. 가을철 도보권 갯바위나 방파제에서 발 앞에 소량의 밑밥을 뿌려주면서 민장대 숭어 찌낚시를 하면 묵직한 손맛을 맛볼 수 있다. 숭어는 눈이 밝고 입질이 예민해서 어신 파악이 쉬운 소형 막대찌와 작은 낚싯바늘을 사용해야 한다.

크릴새우의 머리와 꼬리를 떼고 낚싯바늘이 보이지 않게 미끼를 끼운 다음 미끼가 부드럽게 크릴 껍질을 벗기고 캐스팅한 뒤 막대찌가 움직일 때 빠르게 챔질을 해야 한다. 늦가을 내만 갯바위나 방파제에서 낭창거리는 릴낚싯대나 민장대에 팔뚝만 한 숭어가 입질하면 환상적인 손맛을 맛볼 수 있다.

우럭 찌낚시 재미도 쏠쏠하다. 가을철 연질 낚싯대로 중치급 우럭 입질을 받으면 제법 실랑이를 해야 한다. 어쩌다 30cm 이상 우럭이 입질하면 아래로 쿡쿡 처박기 때문에 감성돔 입질이 아닌가? 착각할 정도로 손맛이 당차다. 늦가을 내만 방파제 등에서 발 앞에 밑밥을 뿌려주면서 야간 우럭 낚시를 하면 쏠쏠한 손맛과 마릿수 재미를 맛볼 수 있다.

농어 루어낚시는 바늘털이를 보는 눈맛이 환상적이다. 농어는 히트 후 릴링을 하면 수면 위로 튀어 오르며 바늘털이하기 때문에 낚싯대 끝을 수면 가까이 낮추고 릴링해야 바늘털이를 줄일 수 있다. 찌낚시와 달리 농어 루어낚시는 서너 번 입질 받으면 한두 번 바늘털이를 당하기 때문에 긴장감과 스릴감이 있다.

농어 찌낚시 재미도 좋다. 여름철이나 초가을에 물골이 지나는 갯바위나 방파제에서 찌낚시 채비에 지렁이나 중하 새우 등 생미끼를 끼워서 조류에 태워 흘려보내면 시원한 찌 맛과 다이내믹한 손맛을 맛볼 수 있다. 찌낚시 채비에 70cm가 넘어가는 대물 농어가 입질하면 한동안 실랑이해야 제압할 수 있다.

농어 루어낚시를 하다 보면 이따금 손님 고기 광어가 바닥에서 지그헤드나 미노우, 바이브레이션 등 루어를 물고 올라온다. 서해 중부 내만권에서는 주로 4짜 광어가 잡히는데 바닥에서 광어가 입질하면 한동안 꿈쩍을 하지 않는다. 어쩌다 5짜 광어가 바닥에서 루어를 물면 초반에 빠르게 제압을 해야 랜딩할 수 있다.

스푼이나 메탈지그 등 루어를 달고 빠르게 릴링하는 삼치 루어낚시는 스피드와 스릴감이 있다. 어슴푸레한 새벽, 바이브레이션이나 메탈지그 등으로 농어 루어낚시를 하면 삼치가 곧잘 입질하는데 늦가을에 5짜 삼치가 물고 늘어지면 농어 입질인가 착각할 정도로 손맛이 좋다. 부레가 없어서 빠르게 이동하는 삼치는 묵직한 손맛이 부족하고 또 입질을 받아도 입술 주변이 약해서 바늘이 자주 빠진다. 서너 번 입질을 받으면 한두 번은 바늘이 빠진다.

백조기와 주꾸미 선상 낚시는 무거운 봉돌을 달고 낚시하기 때문에 입질 파악이 어렵고 손맛도 제대로 느낄 수 없다. 어쩌다 고향 친구들과 주꾸미나 백조기 선상 낚시를 하면 초보 친구들은 곧잘 입질을 받는데 나름 낚시깨나 했다고 자부하는 나는 감각이 무뎌서 그런지 입질 파악이 되지 않는다.

여름철이나 초가을 시즌 초반 무렵에 백조기나 주꾸미 선상 낚시를 나가면 씨알이 잘아서 입질 파악이 잘 안 된다. 물론 조과(釣果)도 다른 친구들보다 시원치가 않다. 백조기와 주꾸미는 씨알이 잘아서 손맛은 맛볼 수 없지만 대신 마릿수 재미가 좋다.

 재미있는 낚시가 있다. 가을철 망둑어와 학꽁치, 풀치 낚시다. 바닷물이 드나드는 내만 수로나 허리춤까지 빠지는 바닷물에 들어가서 망둑어 낚시하면 감성돔이나 농어처럼 묵직한 손맛은 없지만, 마릿수 손맛을 보는 재미가 있다. 찌낚시와 달리 망둑어 낚시는 낚시채비도 단순하지만, 무엇보다 쉴 새 없이 입질이 와서 좋다. 늦가을 낭창거리는 민장대에 명태만 한 망둑어가 물고 늘어지면 손맛이 환상적이다.

 남녀노소 누구나 즐길 수 있는 학꽁치 낚시도 재미있다. 가까운 내만 갯바위나 방파제에서 발 앞에 소량의 밑밥을 뿌려주면서 학꽁치 낚시를 하면 망둑어 낚시처럼 마릿수 재미를 볼 수 있다. 작은 낚싯바늘에 크릴 미끼를 끼워서 캐스팅한 뒤, 앞으로 살살 끌어 주면 학꽁치가 입질한다. 학꽁치는 씨알이 잘아서 손맛은 볼 수 없지만, 히트 후 릴링한 다음 낚싯대를 들어 올리면 작은 은빛 몸체를 정신없이 흔들며 앙탈을 부리는 모습을 보는 눈맛이 즐겁다.

 늦가을 야간 풀치 낚시 재미도 빼놓을 수 없다. 가벼운 루어낚싯대에 야광찌와 지그헤드에 웜을 달고 캐스팅한 다음 천천히 릴을 감아주면 공격성이 강한 갈치가 입질한다. 서해 중부권에서 주로 잡히는 삼지(三指) 이하 갈치는 손맛은 별로 느낄 수 없지만, 릴링 후 수면 위로 들어 올릴 때 은빛 갈치의 실루엣은 환상적이다.

 갯바위 왕자라 부르는 감성돔의 강렬한 손맛과 어슴푸레한 새벽 이무기 같은 농어의 바늘털이를 보는 눈맛과 다이내믹한 손맛, 다리통만 한 숭어의 묵직한 손맛과 삼치의 스피드한 손맛, 쉴 새 없이 입질하는 망둑어의 마릿수 재미와 우럭의 쏠쏠한 손맛, 주꾸미와 백조기의 자잘한 손맛에 은빛 학꽁치의 앙탈을 보는 눈맛과 갈치의 멋진 실루엣을 보는 눈맛, 모두가 환상적이다.

♧ 낚시는 물고기에 대한 것이 아니다.

물고기는 그다음이다.

-헨리 데이비드 소로-

대물(大物)

대물(大物)은 '크기나 규모가 큰 물건'으로 낚시꾼들이 큰 물고기를 지칭하는 말이다. 낚시꾼들이 대물이라고 부르는 물고기의 크기는 낚시 장르별, 어종별로 다르고, 딱히 정해진 크기는 없지만 그래도 어느 정도 나름의 기준이 있다.

낚시인들이 선망하는 갯바위의 왕자 감성돔은 50cm(5짜), 바다의 제왕 돌돔은 55cm, 바다의 흑기사 벵에돔은 45cm, 조피볼락(우럭) 50cm, 노래미 45cm, 넙치(광어) 65cm, 바다의 미녀 참돔은 70cm, 여름 바다의 난폭자 농어는 80cm(일명 따오기), 바다의 폭격기 부시리는 90cm, 갈치는 4지(四指) 이상일 때 대물이라고 부른다.

♣ 대물을 잡을 확률을 높이는 길은 열정과 끈기로 남들보다 더 많이 도전하는 것이다.

양반과 낚시꾼

옛날 어느 양반이 길을 가다가 저수지에서 한 낚시꾼이 잉어를 걸고 실랑이하는 것을 보았다.

지나가던 양반이 낚시꾼에게 "이보게, 내가 쌀 한 가마니 줄 테니 낚싯대를 나한테 넘기게."라고 말하자 낚시꾼은 아무런 대꾸도 하지 않고 잉어를 끌어내려고 애썼다.

얼마 뒤, 어린아이만 한 잉어를 끌어낸 낚시꾼이 양반에게 "쌀 반 가마니만 주시면 잉어를 드리겠다."라고 얘기했다. 그러자 양반이 "일없네." 하면서 가던 길을 재촉해 갔다. 양반이 사려고 했던 건 잉어가 아니라 '손맛'이었던 것이다.

☣ 낚시하는 것과 바다에서 멍청하게 서있는 것은 아주 미세한 차이다.

-스티븐 라이트-

출조(出釣) 비용

낚시와 곧잘 비교되는 골프는 수도권과 비수도권 등 지역에 따라 차이가 있지만 보통 한번 라운딩 나갈 때 들어가는 비용이 그린피와 카트비, 캐디피 등 대략 20~30만 원 정도 나간다고 한다. 그럼 바다낚시는 한번 출조(出釣)하는 데 들어가는 비용이 얼마나 나올까?

바다낚시 출조 비용도 갯바위와 선상, 원도권(遠島圈)과 중내만권(中內灣圈), 내만권(內灣圈) 등 출조 지역과 낚시 장르, 낚고자 하는 대상 어종에 따라 다르다.

해안가 갯바위나 방파제 등 도보 낚시터에서 네댓 시간 감성돔 찌낚시를 할 경우는 교통비 제외하고 밑밥과 미끼 등 출조 비용이 대략 4만 원(밑밥크릴 3~4장, 압맥(壓麥) 1개, 집어제 1~2장) 안팎 나오고, 내만권 갯바위 감성돔 찌낚시 출조 비용은 선비 3~4만 원에 미끼와 밑밥 비용까지 7~8만 원 정도 들어간다.

수심(水深)이 얕고 통발이나 수중여 등 장애물이 많은 서해 중부 내만권에서 농어나 광어, 우럭, 삼치 루어낚시를 할 때는 미끼와 밑밥 비용은 나오지 않는데 미노우와 바이브레이션, 메탈지그, 스푼 등 루어 손실 비용이 발생한다.

워킹 루어낚시와 선상 루어낚시 등 낚시 장르와 대상 어종, 수심(水深)과 지형에 따라 차이가 있지만 보통 열 번 정도 출조하면 적게는 3~4개, 많게는 8~9개 이상 루어 손실이 발생한다. 지그헤드나 스푼, 웜 등은 손실 비용이 얼마 나오지 않지만, 브랜드가 있는 미노우나 바이브레이션 루어는 개당 2~3만 원 나가기 때문에 루어 손실에 따른 비용이 만만치 않게 발생한다.

출조 비용이 많이 나오는 낚시 장르는 먼바다 선상 갈치 낚시다. 수도권에서 먼바다 선상 갈치 낚시 출조를 나가면 출조 버스비와 선비, 식대 등을 포함하여 20만 원 이상 나온다. 줌내마권 참돔 선상 낚시 출조 비용은 선비와 밑밥과 미끼값을 포함해서 대략 16만 원 정도 나오고, 내만권 백조기와 주꾸미, 우럭 선상 낚시는 1인당 선비가 7~8만 원 안팎 나온다.

살아있는 중하(中蝦) 미끼를 사용하는 중내만권 농어 외수질 낚시 출조 비용은 미끼값(1인당 3~4만 원 안팎) 포함하여 대략 13~15만 원 정도 들어가고, 선상 농어 루어 낚시 출조 비용은 15~16만 원 정도 나온다. 먼바다 침선(沈船)

우럭 낚시 출조 비용은 12~13만 원 정도 들어가고, 내만권 우럭, 광어 낚시 출조 비용은 10만 원 안팎 나온다. 이 밖에 원도권 부시리, 방어, 대구 지깅낚시 출조 비용은 20만 원 정도 나온다.

출조 비용이 거의 들지 않는 낚시도 있다. 원투낚시와 망둑어 낚시다. 찌낚시와 달리 원투낚시나 망둑어 낚시는 물고기를 유인하는 밑밥을 사용하지 않는다.

감성돔이나 농어, 우럭, 보리멸, 도다리, 붕장어 원투낚시는 밑밥 없이 참갯지렁이(혼무시)나 홍갯지렁이(홍개비), 새우, 쏙 등 미끼만 준비하면 되고, 바닷가 수로에서 하는 망둑어 낚시는 청갯지렁이(청개비)와 크릴은 물론이고 고등어 살이나 바지락 등 조갯살과 오징어 조각 몇 개 준비하면 대여섯 시간 이상 낚시할 수 있다.

♣ 품위 없는 아름다움은 미끼가 없는 낚싯바늘이다.

-랄프 왈도 에머슨-

에피소드 11

낚시에 입문한 지 채 몇 달이 되지 않은 초보 때였다. 어느 주말 오전 동백정 주차장 앞 갯바위에서 낚시하다가 바닷물이 많이 빠져서 건너 쪽 갯바위로 이동하려고 할 때였다.

건너 쪽 갯바위로 이동하려면 중간에 1m 정도 떨어져 있는 손바닥만 한 갯바위를 밟고 건너뛰어 가야 하는데 수면 위에 살짝 드러나 있는 갯바위는 미끄러워서 쉽게 건너다닐 수가 없다.

중날물 무렵, 건너 쪽 갯바위로 이동하려고 한 손에는 낚싯대와 뜰채를 들고, 다른 손에는 낚시가방을 든 뒤 이전에 몇 번 건너다닌 적이 있어서 자신 있게 점프를 했다. 그런데 아뿔싸! 1m 정도 떨어진 손바닥만 한 갯바위를 제대로 딛지 못하는 바람에 미끄러져서 그만 바닷물로 풍덩 빠지고 말았다.

미끄러질 때 손으로 앞쪽에 있던 갯바위를 잡았더라면 바닷물에 빠지지 않았을 텐데 왼손에 낚시가방을 들고, 오른손에는 뜰채와 낚싯대가 들려 있어서 갯바위를 붙잡지 못하고 그대로 바닷물로 빠지게 되었다.

일요일 오전, 동백정 주차장에서 여러 관광객이 지켜보는 가운데 허벅지까지 차는 바닷물에 빠져서 허우적거릴 때 얼마나 민망하고 창피하던지, 발끝부터 허벅지까지 바닷물에 젖어서 그야말로 물에 빠진 생쥐 꼴이 되고 말았었는데, 미끄러질 때 아래 바지는 갯바위에 긁혀서 너덜너덜 찢어지고, 무릎과 정강이는 다쳐서 피가 나는데도 창피해서 아픈 줄도 몰랐었다.

♧ 낚시는 숙달된 사람이 아니라

　　인내하는 사람이 잘한다.

낚시 여행

10여 년 전 직장에서 은퇴한 후, 한동안 메고 다니는 낚시배낭에 도시락을 넣고 꽃쟁이 섬 인근 방조제로 낚시 여행을 다녔었다. 아침 일찍 도시락을 싸들고 집을 나와서 서너 시간 낚시하다가 점심 무렵에 도시락을 까먹고, 다시 두세 시간 낚시하고 저녁 무렵에야 집으로 돌아왔었다.

몇 해 전, 까치여와 꽃쟁이 섬 주변 방조제가 폐쇄되는 바람에 낚시 여행을 못 하고 있지만, 여건이 되면 배낭에 도시락을 넣고 낚시 여행을 다니고 싶다. 한창 낚시에 빠졌던 오십 대 중반 무렵에는 추자도와 거문도, 가거도 등 원도권(遠島圈) 낚시 여행을 꿈꾸었지만 일흔이 지난 지금은 가까운 도보권 낚시터나 인근 연도와 개야도, 외연도 등으로 낚시 여행을 떠나고 싶다.

♣ 낚시인 만큼 많은 꿈을 꾸는 사람들이 있을까?

출조 계획과 마무리

☐ **출조 계획**

　10여 년 전 직장에서 퇴직한 후 해마다 연초가 되면 노후 여가생활 및 취미 활동을 위한 출조(出釣) 계획을 세운다. 출조 대상 어종은 선망하는 감성돔부터 바늘털이 농어와 국민 횟감 고기인 광어에 우럭과 삼치, 주꾸미, 백조기, 숭어, 망둑어 등 다양한 장르의 낚시를 두루 즐기기 위해서 시즌 전에 장르별, 어종별 출조 계획을 짠다.

　세부 출조 계획은 낚시인들이 선망하는 감성돔 낚시는 몇 번 출조하고, 요즘 즐겨 다니는 농어 루어낚시는 몇 회 출조할지 계획을 세운다. 여기에 짬 낚시로 숭어와 우럭, 망둑어 낚시는 몇 번 하고, 시골 친구들과 백조기와 주꾸미 선상 낚시는 몇 번 출조할지 어종별, 장르별로 계획을 짠다.

　먼저 일찍 시즌이 도래하는 감성돔 낚시는 아카시아 꽃이 피는 5월 중순부터 6월 중순까지 10여 회 정도 출조한다. 지난해는 찌낚시와 원투낚시를 하던 ○○○갯바위 둘레에 해안 탐방로가 생기는 바람에 낚시터가 사라져서 출조를 못 했는데, 올해는 ○○항 방파제와 □□□방파제로 네댓 차례 찌낚시 출조 계획을 세웠다.

언제든 마음 내키면 간편하게 출조할 수 있는 워킹 농어 루어낚시는 여름철 장마가 끝나는 7월 중순부터 낙엽이 지는 11월 중순까지 60여 회 출조 계획을 세운다. 가을철이 되면 고향 친구들과 백조기와 주꾸미 선상 낚시를 한두 차례 출조하고, 9~10월 중 동풍이나 북동풍이 부는 날은 손맛도 볼 겸 고향 앞 쌍도(雙島)로 숭어 낚시 출조를 두세 차례 한다.

서해 중부 내만권(內灣圈)은 동풍이나 북동풍이 부는 날은 바다가 잔잔해지고 물색이 맑아진다. 바다 물색이 맑거나 파도가 없는 날은 농어 루어낚시가 잘되지 않기 때문에 가을철 동풍이나 북동풍이 부는 날은 자잘한 마릿수 손맛도 즐기고 반찬 장만도 할 겸 인근 바닷가 수로나 고향 앞 쌍도로 네댓 번 망둑어 낚시 출조를 하는데 해마다 감성돔 원투낚시부터 망둑어 낚시까지 70여 회 출조한다. (미국의 유명한 낚시광인 폴 퀸네트는 일 년에 80일 이상 출조한다고 했다.)

[어종별 출조 계획]

(감성돔)

-출조지: ㅇㅇㅇ 방파제, ㅁㅁㅁ 방파제

-출조 기간: 5월 중순~6월 중순

-출조 횟수: 8~10회

(워킹 농어 루어낚시)

-출조지: ㅇㅇ갯바위, ㅁㅁㅁ갯바위, ㅇㅇㅇ테트라포드

-출조 기간: 7월 중순~11월 중순

-출조 횟수: 60회

-농어 찌낚시: 8월~9월 중 2~3회

(우럭 낚시)

-출조지: ㅁㅁㅁ방파제

-9~10월 중 2~3회 출조

(숭어, 망둑어 낚시)

-출조지: 쌍도 앞바다 및 ㅇㅇㅇ 수로

-출조 기간: 9월~10월 중순

-출조 횟수: 5~6회

(백조기, 주꾸미 등 선상 낚시)

–출조지: ○○항

–출조 시기: 9~10월 중

–출조 횟수: 1~2회

(기타)

–농어 루어낚시 동영상 촬영(2~3편)

–낚싯줄(합사 1.2호, 쇼크리더 4호 각 1개씩 구입)

–바이브레이션(마리아 슬라이스 15g) 5~6개 구입

□ **마무리**

서해 중부권 낚시 시즌이 끝나는 11월 중순이 되면 한 해 낚시를 마무리한다. 낚시 시즌이 끝나면 한 해 동안 사용했던, 바닷물에 노출된 낚시 장비들을 정비한다. 낚싯대와 뜰채, 구명조끼, 낚시가방, 낚시신발과 모자와 미노우, 바이브레이션, 메탈지그 등 루어와 피쉬그립, 플라이어, 보조 스풀, 뜰망, 낚싯줄 등을 수돗물이나 물수건 등으로 닦아서 물기를 말린 뒤 기름칠하여 이듬해 사용할 때까지 낚시 수납장에 보관하고, 베어링 세척과 오일, 구리스 주입 등 섬세한 작업이 필요한 릴은 전문 수리점에 세척을 의뢰한다.

낚시 장비 세척 및 정비가 끝나면 한 해 동안 작성한 출조일지(出釣日誌)와 조행기(釣行記) 등을 보고 어종별, 장르별 출조 계획대비 몇 번 출조하고, 주 대상 어종인 감성돔과 농어는 몇 번 입질을 받고 랜딩은 몇 번이나 했는지, 또 손님 고기 광어와 삼치, 풀치, 우럭, 망둑어는 몇 마리를 낚았는지 어종별 조황(釣況) 분석을 한다.

여기에 바늘털이가 많은 농어는 히트 후 파이팅 도중 몇 번 바늘털이 당하고 또 랜딩은 몇 마리를 했는지 파악하고, 이듬해 출조에 참고하기 위해서 날씨와 물때별 포인트별로 입질 시각과 입질 지점 등을 분석 정리하여 기록한다.

이밖에 참고 사항으로 워킹 루어낚시 도중 폐그물이나 통발, 수중여 등 물속 장애물에 걸려서 미노우와 바이브레이션 루어를 몇 개 분실했는지 기록하고, 이듬해 필요하거나 부족한 루어와 낚싯줄, 스냅 도래, 트레블 훅(바늘) 등 낚시 소품을 메모해서 시즌 전에 미리 준비한다.

어종별 조황(釣況) 정리 및 분석이 끝나면 시즌 중에 찍은 낚시 사진을 인화해서 낚시 앨범을 만든다. 이 중 5짜 감성돔이나 80cm가 넘는 따오기 사진은 A4 크기로 인화해서 액자에 넣어 잘 보이는 거실 책장 등에 진열해 놓는다.

여행 갈 때 사전에 여행할 장소와 여행 일정, 이동 방법 및 예상 소요 시간, 필요한 물건 목록과 예상 비용 등 계획을 세우고, 여행하는 중에 틈틈이 메모하고 사진을 찍어서 여행이 끝난 뒤 후기를 기록하고, 여행 앨범을 만들면 여행의 재미가 더 커진다.

낚시도 시즌 전에 어종별, 장르별로 출조지(出釣地)와 출조 시기 등 계획을 세워서 출조하고, 시즌이 끝난 뒤 어종별, 장르별 출조 횟수와 조황 실적, 날씨와 물때별 입질 시각과 입질 포인트 등을 분석하여 기록하면 데이터에 의한 계획적이고 효율적인 낚시를 할 수 있고, 낚고자 하는 대상어(對象魚), 조과율(釣果率)도 올라가서 보다 재미있는 낚시를 할 수 있다. 여기에 낚시 앨범을 만들면 대상어를 낚았던 뿌듯했던 기쁨을 또다시 느낄 수 있어서 즐거움이 배가 된다.

♣ 나는 살면서 몇천 번이나 낚시를 갔지만,
소비한 시간에 대해 후회를 한 적은 절대 없다.
-윌리엄 태플리-

낚시는

낚시는 물고기를 낚는 행위만이 아니다. 20년 전 낚시를 배우던 초보 때는 낚시는 물고기를 잡는 것으로만 생각했었는데 요즘에는 물고기를 낚는 행위뿐만 아니라 낚시가기 전 출조(出釣) 준비부터 낚시를 마치고 집에 오면 낚싯대와 릴, 뜰채 등 낚시 장비 손질을 하고, 출조일지(出釣日誌)와 조행기(釣行記)를 쓰고, 인터넷 낚시 사이트 및 페이스북, 카카오톡 등 SNS 활동까지 낚시의 모든 과정을 즐기고 있다.

낚시가기 전날 저녁 출조지(出釣地)의 날씨와 물때, 간조와 만조 시각, 풍향과 풍속, 파고와 바다 수온 등을 확인한 후 설레는 마음으로 낚싯대와 릴, 뜰채, 낚시가방, 낚시신발과 모자와 낚시 장갑, 낚싯줄, 찌, 살림망과 미끼와 밑밥 등 낚시채비를 한다.

집을 나서면 오가는 길에 산과 들과 꽃과 나무 등 주변 풍광을 구경하고, 갯바위에 서면 느긋하게 낚싯대를 드리우고 무심히 흘러가는 찌를 보며 대상어(對象魚) 입질이 오기를 기다리고, 운 좋게 선망하는 감성돔이나 바늘털이 농어 등 조과(釣果)가 있으면 사진을 찍는다.

　가슴 설레는 낚시를 끝내고 집에 돌아오면 다음 출조를 위해서 낚싯대와 릴과 뜰채, 낚시가방과 낚시신발 등 낚시 장비를 손질하고, 출조일지와 조행기를 쓰고, 인터넷 ○○낚시 사이트와 페이스북, 카카오톡 등 SNS에 낚시 사진과 조행기를 올리는 모든 과정을 즐기고 있다.

♣ 많은 사람이 평생 낚시를 하면서도
그들이 추구하는 것이 물고기가 아니라는 것을 깨닫지 못한다

-헨리 데이비드 소로-

특급 낚시터

지금은 꽃쟁이 섬 쪽으로 이전했지만, 동백정(冬栢亭) 앞에 ○○화력발전소가 있었다. 동백정 주차장 아래쪽에 발전소 냉각수(冷却水)가 배출되는 배수구가 있었고, 테트라포드로 둘러싸인 배수구 주변은 갯바위와 크고 작은 수중여들이 산재하여 낚시 포인트가 많았다.

냉각수가 배출되는 발전소 배수구에서 20~30m 떨어진 좌측 앞쪽에 작은 홈통이 있었다. 만조(滿潮)가 되면 바닷물에 잠기는 홈통 안쪽 갯바위는 중들물(또는 중날물) 전후 낚시했고, 바깥쪽 갯바위는 중날물 이후 끝날물부터 초들물까지 낚시했다. 배수구 주변 테트라포드는 중들물 이후 끝들물부터 초날물 무렵까지 네댓 시간 정도 낚시했었다.

홈통 안쪽 갯바위는 한두 명이 낚시할 수 있었고, 바깥쪽 갯바위는 두세 사람이 낚시할 수 있었다. 냉각수가 나오는 배수구는 좌우에서 두어 명이 낚시했고, 홈통 옆 배수구 좌측 테트라포드에서 한두 사람이 낚시했다. 앞쪽에 수중여가 산재한 배수구 우측 테트라포드는 네댓 명이 낚시했었다.

 발전소 냉각수가 지나는 홈통 갯바위와 배수구 주변 테트라포드는 동백정 주차장과 이어져 있어서 주차장 울타리를 넘으면 들어갈 수 있는 데다가 봄부터 초겨울까지 감성돔과 농어, 광어, 숭어, 삼치, 학꽁치 등 다양한 물고기들이 모여들어서 주말은 물론이고 평일에도 낚시꾼들이 자리다툼을 벌여가며 낚시했었다.

 지난 2004년 바다낚시에 입문하여 주말이나 국경일 등 쉬는 날이면 홈통 갯바위로 낚시하러 다녔다. 초보 시절 주말마다 출조(出釣)했던 홈통 앞 갯

바위는 만조가 되면 바닷물에 잠기기 때문에 중들물과 중날물 전후 약 두어 시간 낚시할 수 있었고, 조수 간만의 차가 적은 조금 물때에는 네댓 시간 낚시했었다.

 낚시에 갓 입문하여 아무것도 모르던 왕초보 때는 감성돔이나 농어, 우럭, 광어 등 다른 낚시는 있는 줄도 모르고 오로지 숭어 낚시만 하는 줄 알았다. 홈통 갯바위에서 한동안 숭어 낚시를 하다가 엉겁결에 5짜 광어도 낚고, 우럭과 전어, 학꽁치 등을 낚았었다.

 초보 시절 배수구 앞 홈통 갯바위에서 일 년 정도 낚시하다가 이듬해부터 낚시꾼들이 혼잡하지 않은 까치여와 꽃쟁이 섬 주변 테트라포드

로 낚시하러 다녔다. 2005년 어느 날 생각지도 못한 5짜 감성돔(58cm)을 낚은 뒤 한동안 방조제로 출조했었다. 2~3년 뒤 2007년부터 낚시꾼들이 몰리는 주말과 휴일에는 꽃쟁이 섬 주변 방조제로 출조하고, 낚시꾼이 많지 않은 평일에는 낚싯대와 미끼 하나로 간편하게 낚시할 수 있는 홈통 갯바위로 출조했었다.

직장에서 퇴직한 뒤에는 한동안 김밥과 도시락을 싸들고 낚시꾼들이 많지 않은 꽃쟁이 섬 주변 방조제로 낚시하러 다녔다. 어느 해 늦가을이었다. 꽃쟁이 섬 주변 방조제에서 낚시하고 철수하는 길에 배수구 쪽 상황을 확인하려고 주차장에 들렀다가 한 낚시인으로부터 조금 물때에 홈통 바깥쪽 갯바위에서 농어 루어낚시 하는 것을 알게 되었다. 이날 이후 감성돔 찌낚시에 이어 농어 루어낚시를 하기 시작했다.

이듬해 조금 물때가 되면 홈통 바깥쪽 갯바위에서 간조 전후, 끝날물부터 초들물까지 두세 시간 농어 루어낚시를 했다. 두어 달 뒤 사리 때나 만조 물때에도 낚시할 수 있는, 배수구에서 10~20m 떨어진 우측 테트라포드에서 농어 루어낚시를 했는데 생각지도 못한, 80cm가 넘어가는 대물 농어 입질을 받았다. 이후 갯바위와 테트라포드를 오가며 농어 루어낚시를 하고, 중날물과 중들물 전후에는 홈통 안쪽 갯바위에서 감성돔 찌낚시를 했다.

낚시에 입문했던 2004년부터 2016년 ○○발전소가 꽃쟁이 섬 옆으로 이전하기 전까지 밑밥 없이 낚시할 수 있는 홈통 갯바위와 배수구 주변 테트라포드로 13년 가까이 출조했었다. 그동안 홈통 갯바위와 배수구 주변 테트라포드로 600번 넘게 출조해서 숭어는 물론 감성돔과 광어, 우럭, 농어, 학꽁치, 전어, 돌돔과 강담돔까지 수많은 물고기를 낚고, 다양한 손맛을 보았다.

2014년 어느 여름날 홈통 갯바위에서 인생 기록 고기인 61cm 대물 감성돔을 낚고, 첫 캐스팅에 5짜 감성돔을 낚기도 했다. 또 한 물때에 여덟 번 소나기 농어 입질을 받아서 일곱 마리를 랜딩하고, 배수구에서 약 20m 떨어진 테트라포드 앞에서 농어 낚시인의 로망인 1m 대물 농어를 낚았다.

이 밖에 낚시 입문 첫해 홈통 밖 갯바위에서 첫 광어를 낚고, 2015년 늦가을 새벽에 농어 루어낚시를 하다가 4짜 삼치 60여 마리를 낚기도 했는데 발전소 냉각수가 지나는 홈통 갯바위와 배수구 주변 테트라포드는 열 번 정도 출조하면 예닐곱 번 이상 감성돔과 농어, 광어 등 대상어 손맛을 보았다.

지금은 ○○발전소가 이전하는 바람에 냉각수가 배출되는 배수구 주변 낚시터도 없어지고, 홈통 앞 갯바위 포인트도 사라졌다. 동백정 주차장에서 3~4분이면 들어가서 낚시할 수 있는 가까운 낚시터라 아침부터 이튿날 새벽까지 하루 24시간 낚시인들의 발길이 끊기지 않고, 물고기를 불러모으는 밑밥 없이 낚싯대와 미끼만 있으면 언제든 간편하게 낚시를 즐길 수 있는 홈통 갯바위와 배수구 주변 낚시터가 사라졌다.

배를 타고 멀리 나가지 않더라도 낚시인들이 선망하는 감성돔과 바늘털이 농어, 국민 횟감 고기인 광어를 마릿수로 낚을 수 있는, 원도권(遠

島圈) 못지않은 특급 낚시터가 없어져서 너무도 아쉽다.

♣ 낚시꾼은 자기가 낚았던 대부분의 물고기를 잊지만,

그들이 보았던 계곡과 호수는 잊지 않는다.

-찰스 케이 폭스-

낚시꾼과 입질

낚시를 좋아하는 두 남녀가 밤낚시를 하다가 텐트 안으로 들어가서 불을 끄고 잠자리에 들었다.

한참이 지나도록 남자한테서 아무런 반응이 없자 여자가 입을 열었다.

"어째 입질도 하지 않아요?"

그러자 얼마 후 남자가 말했다.

.

.

.

.

"어두워서 미끼가 보여야지!"

♣ 물이 깊어야 물고기가 모인다.

-속담-

생미끼와 인조 미끼

바다낚시든 민물낚시든, 얼음낚시든, 찌낚시나 원투낚시, 루어낚시, 플라이낚시, 견지낚시, 맥(脈)낚시, 카고낚시, 구멍치기 낚시, 외수질 낚시 등 모든 낚시는 미끼로 물고기를 유혹하여 낚는다. 물고기를 유혹하는 미끼는 생물 미끼(생미끼)와 인공(人工)으로 만든 인조 미끼(루어)가 있다.

생미끼는 크릴과 곤쟁이(紫蝦), 민물새우, 파래 새우, 보리새우, 중하(中蝦) 등 새우와 참갯지렁이(혼무시), 청갯지렁이(청개비), 홍갯지렁이(홍개비) 등 갯지렁이가 있고 멸치와 전갱이, 학꽁치, 고등어, 자리돔, 꽁치, 꼴뚜기(호래기), 오징어, 빙어, 미꾸라지 등의 베이트 피쉬가 있다. 이 밖에 쏙과 갯강구, 돌장게, 소라게, 성게, 개불, 전복, 홍합, 바지락 등 조갯살과 게살, 오징어 조각, 생선 살, 구더기와 옥수수, 압맥(壓麥) 등 다양하게 있다.

생미끼는 낚시인들이 선망하는 감성돔과 참돔, 벵에돔, 돌돔, 농어와 대구, 민어는 물론 숭어와 우럭, 노래미, 백조기, 도다리, 가자미, 양태,

붕장어, 학꽁치, 고등어, 전갱이, 볼락, 망둑어 등 찌낚시나 원투낚시, 견지낚시, 맥(脈)낚시, 카고낚시, 외수질낚시, 구멍치기 낚시, 얼음낚시 등 거의 모든 낚시에 두루 사용하고 있다.

고등어, 멸치, 전갱이 같은 작은 물고기(베이트 피쉬)나 지렁이, 파리 등 벌레 모형의 인공으로 만든 가짜 미끼를 통칭해서 루어라고 부르는데 인공으로 만든 루어에는 플러그와 스푼, 스피너, 미노우, 바이브레이션, 웜, 메탈지그, 타이라바, 에기와 애자 등이 있다.

인조 미끼는 주로 육식성 어종인 농어와 배스, 부시리, 방어, 삼치, 대구, 참치, 광어, 참돔, 도다리, 우럭, 볼락, 고등어, 갈치, 주꾸미, 갑오징어, 한치, 문어, 꼴뚜기 등 다양한 어종에 사용한다. 요즘 즐겨 다니고 있는 워킹 농어 루어낚시는 미노우와 바이브레이션, 지그헤드, 메탈지그, 웜 등을 쓰고, 광어나 우럭, 갈치 낚시는 지그헤드와 웜을 이용한다.

주꾸미와 갑오징어, 문어, 한치, 무늬오징어, 꼴뚜기(호래기) 낚시는 새우 모형의 에기와 애자로 낚시하고, 삼치는 깃털과 은박을 묶은 낚싯바늘이 여러 개 달린 카드 채비와 스푼 루어, 바이브레이션, 메탈지그를 사용한다. 참돔은 크릴과 생새우, 갯지렁이 등 생미끼와 타이라바 루어를 쓰고, 부시리와 방어는 대형 미노우와 바이브레이션, 롱 메탈지그, 포퍼 등을 사용한다.

크릴과 민물새우, 곤쟁이, 파래 새우, 중하 새우, 쏙, 갯지렁이, 미꾸라지, 개불, 성게, 전복 등을 사용하는 생미끼 낚시는 찌와 찌멈춤고무,

구슬, 도래, 면사매듭, 봉돌 등 채비도 복잡하고, 물고기를 유인하는 밑밥과 미끼를 사용하기 때문에 밑밥통과 미끼통, 밑밥주걱, 주걱꽂이, 두레박 등 부속 채비가 많다. 또 크릴과 새우 같은 생미끼를 사용하는 낚시는 물고기를 유인하는 밑밥과 집어제, 미끼에서 냄새가 나고 지저분하다.

인조 미끼를 사용하는 루어낚시는 채비가 단순하고 깔끔한 데다가 낚싯대와 루어 등 낚시채비가 간결하고 필요한 소품이 많지 않아서 언제든지 간편하게 출조(出釣)하고 자유롭게 포인트 이동을 할 수 있다. 또 인조 미끼는 갯지렁이나 미꾸라지 같은 살아있는 생미끼에 거부감이 있는 사람도 쉽게 다룰 수 있는 장점이 있어서 남녀노소 누구나 즐길 수가 있다.

단점은 수심(水深)이 얕고 수중여나 통발 등 물속 장애물이 많은 서해 내만권에서 워킹 루어낚시를 할 때는 채비 걸림이 잦고 미노우나 바이브레이션, 메탈지그 등 루어 손실비용(메이커가 있는 루어는 개당 2~3만 원 이상 호가한다)이 제법 발생한다.

또 밑밥으로 물고기를 유인하는 생미끼 낚시와 달리 인조 미끼를 사용하는 루어낚시는 네댓 번 캐스팅해서 대상어 입질이

없으면 자주 포인트 이동을 해야 하고, 2~3분에 한 번 정도로 캐스팅하고 릴링하기 때문에 체력 소모가 많은 단점이 있다.

♣ 향기로운 미끼에는 반드시 물린 물고기가 있다.

-속담-

놓친 물고기는 모두 크다

예로부터 '뻥'이 심한 낚시꾼들이 놓친 물고기는 모두 크다고 한다. 낚시꾼들이 흔히 말하는 '뻥'이 아니라 지난 20년 동안 감성돔 찌낚시와 원투낚시, 농어 루어낚시를 하면서 히트 후 실랑이 도중 바늘털이 당하거나 낚싯줄이 통발이나 수중여에 걸려서 안타깝게 놓친 큰 물고기가 여러 마리 있었다.

낚시를 배우던 초보 시절, 꽃쟁이 섬 인근에서 찌낚시 하다가 빨래판만 한 대물 광어를 걸고 파이팅을 하는 도중에 낚싯바늘이 빠져서 안타깝게 놓치고, 몇 년 뒤 까치여 주변 방조제에서 운 좋게 5짜 후반 정도 되는 대물 감성돔을 연속 두 번이나 걸었는데 두 번 모두 파이팅을 하는 도중 낚싯줄이 통발 줄에 걸려서 터트리고 말았다.

제일 안타깝게 놓친 고기는 농어 루어낚시 입문 이듬해 일어났다. 추석 전날이었다. 동이 트기 전 어슴푸레한 새벽 발전소 배수구 앞 갯바위에서 한 번의 큰 입질을 받았었다. 농어 루어낚시를 배우던 초보 때라 파이팅을 하는 실력도 없었지만, 히트 후 대물 농어와 5~6분 파이팅을 했는데 감당이 되지 않았다.

　대물 농어와 실랑이하는 도중 낚싯줄이 낚시 자리 앞쪽 수중여에 쓸려서 얼굴도 보지 못하고 안타깝게 터지고 말았다. 만약 요즘처럼 쇼크 리더를 길게 했더라면 어떻게 되었을까? 지금 생각해도 몹시 안타깝다. 이건 낚시꾼들이 말하는 '뻥'이 아니라 미터가 훌쩍 넘어가는 정말 엄청난 대물이었다.

♣ 무지한 낚시꾼과 입씨름을 벌이지 말라.
그대는 얻을 게 없고, 그는 잃을 게 없다.

-폴 퀸네트-

낚시 가는 날

낚시 가는 날, 출조(出釣) 전날 저녁 무렵 컴퓨터를 켜고 인터넷 ○○낚시 사이트에 들어가서 다음날 출조지(出釣地)의 날씨와 간만조(干滿潮) 시각, 풍향과 풍속과 파고와 바다 수온 등을 확인한 후 설레는 마음으로 출조 채비를 한다.

먼저 캡라이트를 충전해서 낚시 모자에 부착하고, 백팩 낚시가방에 랜딩용 뜰채와 뜰망, 꿰미, 동영상 촬영 및 셀카용 삼각 받침대, 모기기피제 등을 넣는다. 이어서 루어낚시 보조 가방 안쪽 주머니에 릴과 보조 스풀, 물고기를 잡는 피쉬그립, 낚싯바늘을 빼는 플라이어, 채비 교체용 이지클립과 휴대용 칼, 라인커터, 계측용 줄자와 휴대용 저울 등을 넣고 옆 보조 주머니에 낚시수건과 장갑, 비닐봉지 등을 넣는다.

보조 가방 중간 주머니에 사이즈가 큰 플로팅 미노우를 색상별로 5~6개 넣고, 바깥쪽 작은 주머니에 싱킹 바이브레이션을 무게별, 색상별로 7~8개 정도 넣은 뒤 루어낚시 보조 가방을 백팩 가방에 넣은 다음 이튿날 새벽 출조하기 편하게 구명조끼와 모자, 낚시신발 등과 함께 아파트 현관문 앞쪽에 놓는다.

저녁 식사를 하면 핸드폰을 충전하여 다음 날 새벽 4시 30분 알람 시각을 설정해서 머리맡에 놓고 9시쯤 잠자리에 든다. 일흔이 다 된 나이에도 출조 전날 밤은 소풍 가는 초등학생처럼 가슴이 설레어 잠이 쉬 오지 않는다. 두어 시간 엎치락뒤치락하다가 네댓 시간 정도 선잠을 잔다.

이튿날 새벽 4시 30분, 핸드폰 알람 소리에 비몽사몽 일어나서 고양이 세수하듯 얼굴에 물을 묻히고, 옷을 갈아입은 뒤 우유에 미숫가루와 꿀을 타서 간단하게 요기를 한 다음 시간 여유가 있으면 거실에서 몸도 풀 겸 2~3분 스트레칭을 한다.

4시 40분, 냉장고에 있는 생수병을 백팩 배낭에 넣은 후 낚시조끼를 입고 캡라이트가 부착된 낚시 모자를 쓴 다음 핸드폰과 낚시 수납장에 있는 농어 루어낚싯대를 챙겨 들고 낚시신발을 신은 뒤 현관문 앞에 있는 백팩 배낭을 둘러매고 아파트를 나선다.

어스름한 출조길, 설레는 마음으로 자동차를 타고 가면서 "오늘은 따오기(80cm가 넘는 농어)를 낚을까? 5짜와 6짜 두세 마리를 낚을까?" 즐거운 상상을 하면서 낚시터 입구에 도착하면 5시가 조금 넘는다. 해가 일찍 뜨는 여름철은 날이 제법 환해진다. 낚시터 입구 공터 한쪽에 주차한 뒤 백팩을 둘러맨 다음 낚싯대를 들고 자주 가는 갯바위로 빠르게 이동한다.

7~8분 후 갯바위에 도착하면 잠시 물때와 바람과 파도 등 낚시터 주

변 바다 상황을 둘러본 후 뜰채를 편다. 이어 낚싯대를 꼽고 릴을 장착한 뒤 물때와 수심(水深)과 바람과 파도 등 바다 상황에 따라 마음에 드는 색상의 미노우나 바이브레이션으로 낚시채비를 하고 나면 5시 30분쯤 된다. 이따금 날씨와 물때 등 바다 상황이 좋은 날은 뒤쪽 갯바위에 셀카용 삼각 받침대를 설치해 놓고 동영상을 찍기도 한다.

요즘 즐겨 다니고 있는 워킹 농어 루어낚시는 해뜨기 한 시간 전후, 대상어들이 먹이 활동을 하는 어슴푸레한 새벽 피딩 타임에 한다. 날씨와 물때, 바람과 파도 등 바다 상황에 따라 주변 갯바위와 테트라포드를 옮겨 다니며 두어 시간 정도 하는데 낚시를 마치면 7시가 조금 넘는다.

가슴 설레는 낚시가 끝나면 낚시 자리 주변을 정리한 뒤 운 좋게 대상어(對象魚) 농어나 손님 고기 광어 등을 잡으면 갯바위에서 인증 사진을 찍고, 물고기가 상하지 않게 피를 뺀 다음 비닐봉지에 담아서 백팩 가방에 넣은 뒤 낚싯대와 뜰채를 들고 서둘러 자동차가 있는 주차장으로 간다.

차를 타고 집으로 오는 길에 회 뜨기 적당한 6짜 안팎 되는 농어나 4짜가 넘는 광어가 있으면 친구들에게 주고 오기도 한다. 20여 분 후 집에 오면 8시쯤 되는데 잡은 물고기가 있으면 큰 비닐봉지에 넣어서 냉동고에 보관하고, 미노우와 바이브레이션 등 바닷물에 젖은 루어를 미지근한 수돗물에 담가 놓은 뒤 샤워를 한다.

　10여 분 샤워를 한 후 아침 식사를 하고 나면 다음 출조를 위해 낚시 장비 손질을 한다. 백팩 낚시가방과 뜰망, 낚시 장화 등을 수돗물로 세척 한 다음 바닷물에 노출된 낚싯대와 릴, 뜰채, 플라이어와 피쉬그립 등을 물수건으로 닦고, 베어링이 있는 릴 라인 롤러와 핸들 부위에 릴 오일을 뿌려준다.

　낚싯대와 릴, 뜰채, 루어 등 낚시 장비 세척이 끝나면, 느긋한 마음으로 모닝커피를 마시며 컴퓨터를 켜고 조과물(釣果物)이 있든 없든 출조일지(出釣日誌)를 작성하고, 농어와 손님 고기 광어 등 조과가 좋은 날은 조행기(釣行記)를 쓰기도 한다.

　이어서 인터넷 ○○낚시 사이트와 페이스북, 카카오톡 등 SNS에 낚시 사진과 조행기를 올리고 한두 시간 인터넷 뉴스 등을 검색하다 보면 피로가 몰려와서 30~40분 오침(午寢)을 한다. 잠이 깨면 두어 시간 산문이나 에세이 등 책을 읽고 점심을 먹은 뒤 인터넷 뉴스를 보고 낚시 방송 등을 시청하다가 오후 저녁 무렵이 되면 또다시 출조 채비를 한다.

　설레는 마음으로 다음날 출조지의 날씨와 물때, 만조와 간조 시각, 풍향과 풍속, 파고와 바다 수온 등을 검색한 뒤 다시 캡라이트를 충전하여 낚시 모자에 부착하고 낚싯대와 랜딩용 뜰채와 뜰망, 릴과 보조 스풀, 립그립과 꿰미, 루어, 삼각대와 모기약, 낚시 장화와 장갑, 낚시 수건 등 출조 준비를 하는데, 낚시가는 날은 하루가 어떻게 지나갔는지 모르게 금세 지나간다.

♣ 낚시가 안 좋은 날이

사무실에서 좋은 날보다 여전히 낫다.

-미상-

일상 탈출과 낚시

지난 2003년 고향 앞 쌍도(雙島)에서 망둑어와 숭어 낚시를 하다가 이듬해 낚싯대와 릴, 뜰채, 구명조끼 등 낚시 장비를 갖추고 본격적으로 감성돔과 우럭 등 찌낚시를 했다. 술도 마시지 못하고, 20년 넘게 피워 왔던 담배도 끊고, 젊은 시절 몰두했던 바둑과 동양화 공부도 하지 않고, 별다른 취미와 마땅한 소일거리가 없던 때라 곧바로 낚시에 빠져들게 되었다.

한창 낚시에 빠져 있던 2004년, 장기근속으로 J 지점에서 S 지부로 이동하여 농산물 유통전문역(流通專門役)을 담당하게 되었다. 그동안 C 지부와 J 지점에서 10년 넘게 금융 업무를 하다가 생소한 농산물 유통전문 역을 담당하면서 말할 수 없는 스트레스를 받았다.

이후 D 지점과 G 출장소에서 예·적금과 비씨카드, 공제보험, 지자체 관리와 금고 업무 등을 담당하면서 많은 스트레스를 받았었는데 주말이나 국경일 등 쉬는 날이 되면 탁 트인 바다에 나가 바람을 쐬고, 기다림의 낚시를 하면서 스트레스를 해소할 수 있었다.

　은퇴한 뒤에는 농사도 짓지 않고, 테니스나 골프 등 좋아하는 운동도 없고, 그림을 그리고 서예를 하고, 기타나 색소폰 등 취미 활동도 없고, 가까이 만나는 친구도 없고, 하는 일 없이 종일 책이나 읽고 글을 쓰면서 소일하고 있는데 답답하거나 외롭고 쓸쓸할 때 바다에 나가 상쾌한 바닷바람도 쐬고 기분전환도 할 겸 낚시하러 다니고 있다.

♣ 예술가로 태어난 사람이 없듯이,

　낚시꾼으로 태어난 사람도 없다.

－아이작 월튼－

4부
영원히 행복해지려면 낚시를 배워라

눈맛, 손맛, 입맛

낚시꾼들이 흔히 하는 말로 바다낚시는 눈맛과 손맛과 입맛을 맛보는 세 가지 즐거움을 준다고 한다. 물론 낚시하는 장소와 어종과 낚시 장르에 따라 약간의 차이가 있지만, 크게는 별반 다르지 않다.

바다낚시에 입문하여 15년 넘게 감성돔과 농어, 광어, 삼치, 숭어, 우럭, 망둑어, 백조기, 주꾸미, 풀치, 학꽁치 등 여러 장르의 낚시를 두루 하다 보니 그동안 수많은 물고기를 낚고, 어종별, 장르별로 다양한 눈맛과 손맛과 입맛을 맛보았다.

먼저 대한민국 낚시인들이 선망하는 감성돔이다. 감성돔은 눈맛과 손맛과 입맛 세 가지 즐거움을 준다. 눈맛은 감성돔 흘림 찌낚시 할 때 어신(魚信)이 와서 찌가 바닷물 속으로 빨려 들어가는 것을 바라보는 즐거움이다. 오랜 기다림 끝에 어신이 들어와서 찌가 바닷물 속으로 빨려 들어가면 자신까지 물속으로 빨려 들어가는 느낌이 든다.

동이 트기 전 어슴푸레한 새벽 무렵이나 야간 낚시할 때 어신이 와서 붉은 케미 라이트를 꽂은 찌가 바닷물 속으로 빨려들어 가면 찌 주변 바닷물이 뻘겋게 물들어간다. 까만 밤바다에 바닷물이 뻘겋게 물들어가는 순간 황홀감이랄까? 자신도 모르게 '헉!' 하는 소리가 절로 나온다.

감성돔은 챔질하여 훅킹이 되면 채비가 바닥에 걸린 듯한 둔탁한 느낌이 든다. 훅킹 후 낚싯대를 세우고 펌핑을 하면 아래로 쿡쿡거리며 강하게 저항하는 묵직한 손맛이 좋다. 그동안 감성돔 찌낚시를 하면서 6짜 감성돔을 포함하여 수많은 감성돔 입질을 받았는데 지금도 생각나는 강렬했던 손맛이 서너 번 있다.

감성돔 찌낚시를 배우고 4~5년쯤 되었을까? 추석을 며칠 앞둔 초가을 무렵이었다. 부모님 산소 벌초를 마치고 정오 무렵 늦게 출조했었다. 꽃쟁이 섬 인근 방조제에서 한 시간 넘게 잡어 입질 한 번 받지 못하다가 대물 감성돔(54cm) 입질을 받았다.

가을철이라 손맛 보기 좋은 연질 낚싯대로 낚시했었는데 챔질 후 제압이 되지 않았다. 발판이 불편한 테트라포드에서 연질 낚싯대로 5~6분 넘게 그야말로 앉았다 일어났다 하면서 힘들게 파이팅을 하고 어렵게 마무리했었는데 정말 손맛 하나 끝내주었다.

몇 년 뒤 냉각수(冷却水)가 지나는 발전소 배수구 앞 갯바위에서 연질 낚싯대로 또 한 번 5짜(53cm) 감성돔 입질을 받았다. 챔질 후 4~5분 실랑이했을까? 앞쪽에 수중여가 뻗어있어서 낚싯줄이 수중여에 쓸리지 않도록 두 손으로 낚싯대를 세우고 파이팅을 했는데 연질 낚싯대로 제압되지 않아서 한동안 진땀 뺐었다.

무지막지했던 6짜(61cm) 감성돔 손맛도 빼놓을 수 없다. 초여름 어느 날 배수구 앞 홈통 갯바위에서 큰 입질을 받았다. 배수구 물골에서 홈통 갯바위 가장자리 쪽으로 흘러가던 막대찌가 바닷물 속으로 쏜살같이 빨려 들어가는 강한 어신이 왔었다.

챔질하자 초릿대가 곧장 바닷물 속으로 처박힐 정도로 배수구 물골 쪽으로 강하게 내쨌다. 챔질 후 엄청난 저항에 펌핑과 릴링은 생각지도 못하고 두 손으로 낚싯대를 잡고 4~5분 힘겹게 버티기를 하다가 운 좋게 제압했는데 정말 손맛이 어마어마했었다.

감성돔은 눈맛과 손맛 못지않게 입맛도 즐겁다. 술도 좋아하지 않지만, 회를 치는 손재주가 없어서 횟감 고기인 감성돔을 낚아도 회로 먹지 않는다. 작은 감성돔은 이따금 매운탕을 끓여 먹기도 하지만, 주로 냉동고에 보관했다가 겨울철에 손질하여 바람과 햇볕에 말린 뒤 찜을 해서 먹는다.

다음은 바늘털이 농어다. 농어도 눈맛과 손맛과 입맛 세 가지 즐거움을 준다. 농어는 바늘털이를 보는 화려한 눈맛과 다이내믹한 손맛 그리고 입맛 등 모두가 즐겁지만, 농어 루어낚시의 매력은 환상적인 바늘털이를 보는 눈맛이다. 어슴푸레한 새벽, 대물 농어를 히트하여 실랑이할 때, 이무기 같은 시커먼 농어가 수면 위로 튀어 오르며 바늘털이를 하면 볼 때마다 가슴 졸이게 된다.

대물 농어의 역동적인 손맛도 좋다. 어복(魚福)이 많아서인지 지난 5년 동안 농어 루어낚시를 하면서 인생 기록 고기인 1m 농어를 포함하여 80cm가 넘는 농어(일명 따오기) 입질을 서른 번 가까이 받았다. 스무 번은 뜰채에 담아서 랜딩했는데 실랑이 도중 수중여에 낚싯줄이 쓸려서 아쉽게 랜딩하지 못한 강렬했던 대물 농어 손맛이 대여섯 번 있었다.

어느 해 추석 전날이었다. 동이 트지 않은 어슴푸레한 새벽 초들물 무렵 배수구 앞 갯바위에서 한 시간 넘게 캐스팅하고 딱 한 번 입질을 받았다. 50~60m 장거리 캐스팅을 하고 큰 입질을 받았는데 챔질 후 엄청난 파워에 릴링이 되지 않았다. 펌핑과 릴링은 생각지도 못하고 두 손으로 낚싯대를 잡고 5~6분 버티고 있었을까. 대물 농어가 묵직하게 좌우로 네댓 번 왔다 갔다 하더니 어느 순간 낚시하는 갯바위 쪽으로 빠르게 내달려 왔다.

낚시 자리 앞쪽에 큰 수중여가 있어서 낚싯줄이 수중여에 쓸리지 않도록 낚싯줄을 감고 낚싯대를 세워서 물고기 방향을 돌려보려고 했지만, 엄청난 저항에 도무지 어떻게 해볼 수가 없었다. 결국, 대물 농어가 수중여 사이로 들어가고 얼마 뒤 낚싯줄이 수중여에 쓸려서 터지고 말았다. 낚시꾼들이 놓친 고기는 모두 크다고 하지만 아마 이날 놓친 농어는 1m가 훌쩍 넘어가는 대물이 아니었나 생각된다.

(음력) 6월 농어, 7월 서대라는 말이 있듯이 7~8월이 제철인 농어도

감성돔과 마찬가지로 40cm 안팎 되는 농어(일명 깔따구)는 이따금 매운탕을 끓여 먹기도 하고, 나머지는 겨울철에 바람과 햇볕에 꾸들꾸들하게 말렸다가 찜을 해서 먹는다.

광어는 적당한 손맛과 입맛이 있다. 농어 루어낚시를 하다 보면 이따금 손님 고기 광어가 입질한다. 중층에서 입질하는 농어와 달리 광어는

바닥층에서 입질하기 때문에 훅킹 후 초반에는 제법 묵직한 손맛이 있다. 하지만 바닥에서 띄우면 쉽게 제압이 된다.

서해 중부권 도보 포인트에서 주로 낚이는 4짜 광어는 손쉽게 제압되지만, 이따금 5짜가 넘는 광어가 입질하면 한동안 실랑이를 해야 제압이 될 정도로 손맛이 좋다. 국민 횟감 고기인 광어는 그때그때 손질해서 매운탕을 끓여 먹는데 감성돔이나 농어 못잖게 입맛이 좋다.

부레가 없어서 빠르게 이동하는 삼치는 손맛과 입맛이 조금 아쉽다. 가을철 어슴푸레한 새벽 무렵이나 저물녘에 스푼 루어 채비를 하고 빠르게 릴링하거나 바이브레이션, 메탈지그 등으로 농어 루어낚시를 하다 보면 손님 고기 삼치가 곧잘 입질한다. 늦여름이나 초가을에 낚이는 4

짜 삼치는 쉽게 제압되기 때문에 손맛을 볼 수 없지만, 늦가을쯤 되면 몸집이 5짜 가까이 커진다.

늦가을 5짜 삼치가 입질하면 한동안 강렬하게 저항하기 때문에 순간 농어 입질이 아닌가 착각하기도 한다. 9~10월이 제철인 삼치는 살짝 소금 간을 한 뒤 그늘에 반나절 정도 말렸다가 구워 먹기도 하고 무, 양파 마늘 등 채소를 넣고 조림이나 찜을 해서 먹는다. 삼치구이는 맛이 담백하고 좋다.

덩치 큰 숭어는 묵직한 손맛이 좋다. 눈이 밝고 입질이 예민한 숭어는 찌가 시원하게 빨려 들어가는 눈맛은 볼 수 없다. 하지만 가벼운 릴 낚싯대나 민장대로 숭어 입질을 받으면 손맛이 환상적이다. 어쩌다 낭창거리는 민장대에 팔뚝만 한 숭어가 물고 늘어지면 제법 실랑이를 벌여야 할 정도로 제압되지 않는다.

여름철 숭어는 살이 물러서 맛이 없지만, 늦가을부터 봄까지 잡히는 숭어는 감성돔이나 농어회 못지않게 좋다. 숭어찜도 맛이 좋다. 언젠가 고향 앞 바닷가 식당에서 반 건조한 숭어찜을 먹었는데 그동안 먹어본 어느 찜보다 맛이 좋았다.

가을철 내만 갯바위나 방파제에서 연질 낚싯대로 우럭 찌낚시를 하면 눈맛은 물론 적당한 손맛과 입맛을 맛볼 수 있다. 어슴푸레한 새벽 무렵이나 야간 우럭 낚시를 하면 한 뼘 안팎 되는 우럭이 곧잘 입질하는데, 운 좋으면 30cm 안팎 되는 우럭이 입질하기도 한다.

늦가을 연질 낚싯대에 30cm 넘는 우럭이 입질하면 한동안 아래로 쿡쿡거리며 저항하기 때문에 순간 감성돔 입질이 아닌가 착각하기도 한다. 횟감으로도 인기가 좋은 우럭은 매운탕을 끓여 먹어도 좋고, 겨울철에 등을 타서 꾸들꾸들하게 말렸다가 양념을 넣고 찜을 하면 맛이 좋다.

망둑어는 마릿수 손맛과 입맛이 즐겁다. 가을철 바닷가 수로에서 가벼운 민장대로 망둑어 낚시를 하면 쉴 새 없이 물고 늘어지는 마릿수 손맛을 즐길 수 있다. 늦가을 낭창거리는 민장대에 명태만 한 망둑어가 입질하면 제법 실랑이를 해야 제압될 정도로 손맛이 좋다. 가을철 통통하게 살이 오른 망둑어는 바람과 햇볕에 꾸들꾸들하게 말렸다가 찜을 해 먹으면 밥반찬으로 좋고, 연탄불이나 숯불에 구워 먹으면 술안주로도 그만이다.

백조기와 주꾸미는 마릿수 재미와 입맛이 있다. 선상에서 무거운 봉돌을 달고 낚시하는 백조기와 주꾸미는 씨알이 잘아서 손맛도 느낄 수 없고 눈맛도 볼 수 없지만 대신 마릿수 재미와 입맛이 있다. 여름철 백조기는 소금 간을 한 뒤 꾸들꾸들하게 말려서 구이로 먹고, 소금에 절였다가 쪄서 먹기도 한다. 주꾸미는 끓는 물에 살짝 데쳐서 먹어도 좋고, 고추장과 양념을 버무려서 주꾸미 볶음을 만들어 먹어도 맛이 좋다.

풀치와 학꽁치 낚시는 눈맛과 입맛을 준다. 가을철 저물녘이나 어슴푸레한 새벽에 농어 루어낚시를 하다 보면 이따금 풀치가 루어를 물고 올라온다. 서해 중부 내만권에는 주로 두지[二脂]에서 두지 반 크기의 풀치가 잡히는데 손맛은 글쎄, 루어 바늘에 비닐봉지가 걸려서 나오는 느낌이랄까? 손맛은 없지만, 수면 위로 들어 올릴 때 은빛 갈치의 환상적인 실루엣을 바라보는 눈맛이 황홀하다. 물론 입맛도 즐겁다.

학꽁치 낚시는 마릿수 재미와 눈맛이 있다. 민장대나 가벼운 릴낚싯대에 원투용 구멍찌와 입질 파악용 고추찌를 달고 캐스팅을 한 뒤 앞으로 살살 끌어주면 학꽁치가 쫓아와서 입질한다. 학꽁치가 입질하면 고추찌를 끌고 가는 아기자기한 찌 맛과 갯바위로 들어 올릴 때 작은 은빛 몸체를 정신없이 흔들어대는 앙탈을 보는 눈맛이 즐겁다. 칼슘이 많은 학꽁치는 회로 먹어도 좋고 햇볕에 꾸들꾸들하게 말렸다가 구워 먹어도 맛이 좋다.

탁 트인 바다에서 화려한 눈맛과 짜릿한 손맛과 멋진 입맛을 맛볼 수 있는 힐링 바다낚시! 여러분도 한번 맛보시길.

♣ 낚시의 매력은 찾기 어렵지만 이룰 수 있는 것을 추구하는 것,
희망의 연속이라는 것입니다.

-존 버컨-

원조(元祖) 낚시인

20년 전, 고향 마을 앞 쌍도(雙島)에서 내게 숭어 낚시를 가르쳐준, 오래된 조락(조릿대나 대나무 살을 엮거나 이어 만든 바구니로 염분에 강해서 어부들이 곧잘 만들어 쓰던 도구)과 투박한 대나무 낚싯대, 1호쯤 되는 수수깡 찌, 호수를 알 수 없는 굵은 낚싯줄, 감성돔 8~9호쯤 되는 큰 낚싯바늘에 쏙 미끼로 낚시하는 원조(元祖) 낚시인이 있었다.

그 당시 칠순이 넘었던 원조 낚시인은 40~50년대 시골 농촌에서는 드물게 고등학교를 나와서 잠깐 공직 생활을 했지만, 낚시가 좋아서 젊은 시절 일찍 공무원직을 그만두고 시골 고향에서 농사를 지으며 아흔이 다 된, 팔십 중후반 무렵까지 낚시를 즐겼다.

원조 낚시인은 고향 앞 쌍도와 이웃 마을 띠섬에서 대나무 낚싯대와 쏙 미끼로 숭어와 빌개(한 뼘 안팎 되는 작은 감성돔), 깔따구(40cm 안팎 되는 농어) 낚시를 했는데, 60년대 어느 날 마을 앞 쌍도에 숭어 떼가 몰려와서 큰 조락이 넘치도록 숭어를 잡아서 시장에 내다 팔아 쌀 한 가마니 값을 벌기도 하고, 2m가 조금 넘는 대나무 낚싯대로 이웃 마을 띠섬에서 어린아이 크기만 한, 90cm가 넘는 대물 농어를 낚기도 했다.

20년이 지난 지금도 오래된 대나무 조락을 지고, 한 손에는 투박한 대나무 낚싯대를 들고 다른 손에는 지팡이를 짚고, 고향 앞 쌍도로 숭어 낚시하러 다니던 원조낚시인 모습이 눈에 선하다.

♣ 낚시를 모르는 것은,

인생의 즐거움을 반은 모르는 것이다

-일본 속담-

버킷리스트

　죽기 전에 해보고 싶은 일과 보고 싶은 버킷리스트 30가지 목록 중 낚시 관련 버킷리스트 다섯 가지, 하나는 낚시 에세이 『눈맛, 손맛, 입맛 신나는 낚시와 해루질』에 이어 낚시 단상과 에피소드, 조행기(釣行記)와 출조일지(出釣日誌), 낚시 관련 명언과 격언, 유머 등을 묶어서 『영원히 행복해지려면 낚시를 배워라』를 출간하는 것이다.

　다른 하나는 여든 살까지 건강하게 낚시 다니는 것이고, 또 다른 하나는 추자도와 가거도, 거문도 등 원도권(遠島圈) 갯바위에서 낚시하는 것이며, 나머지 두 가지는 인생 기록 고기, 64cm 이상 감성돔과 105cm 대물 농어를 낚는 것이다.

　건강해야 가슴 설레는 낚시를 오래 다닐 수 있다. 여든 살까지 건강하게 낚시 다니고 64cm 대물 감성돔과 105cm 농어(일명 따오기)를 낚기 위해서 매일 아침 스트레칭과 5~6㎞ 조깅을 하고 팔굽혀펴기와 스쿼트, 덤벨 들기 등 근력운동을 하면서 열심히 체력을 다지고 있다.

(버킷리스트는 10여 년 전, 한창 낚시에 빠져 있던 쉰 중후반 무렵에 세웠는데 지금은 일흔이 된 나이라 아무래도 체력이 달려서 추자도 가거도, 거문도 등 원도권 출조(出釣)와 특급 포인트였던 냉각수(冷却水)가 배출되는 발전소 배수구 앞 갯바위와 주변 테트라포드 등 낚시터가 사라져서 64cm 이상 대물 감성돔과 105cm 대물 농어는 낚기 어려울 것 같다.)

♣ 낚시라는 취미를 갖게 된 얼마 후에 나는, 물고기의 협조에 꼭 의존해야만 한다면, 절대로 낚시를 즐길 수가 없게 되리라는 확신을 얻었다. 다행히도 나는 오래전에, 비록 물고기가 낚시에서 중요하고, 어쩌면 가장 중요한 요소인지도 모를 일이지만, 고기를 잡는 행위 자체는 그렇게 중요하지 않다는 사실을 터득했다.

-스파스 그레이 해클(플라이 낚시 미끼의 한 종류) 별명의 낚시꾼-

끝마무리

『끝이 좋으면 다 좋다』라는 영국 윌리엄 셰익스피어의 희곡 제목처럼 세상 모든 일은 처음 시작하는 것도 중요하고, 중간에 추진하는 과정도 중요하지만 이보다 더 중요한 것은 마지막 끝마무리를 잘하는 것이다.

낚시도 마지막 끝마무리를 잘해야 한다. 감성돔이나 참돔 등 찌낚시 할 때는 예상 포인트 주변에 부지런히 밑밥을 뿌려주고, 자주 뒷줄 견제를 하며 낚시하고, 요즘 즐겨 다니고 있는 워킹 농어 루어낚시 할 때는 바람과 파도, 수심(水深)과 물색, 조류(潮流)와 수온 등 바다 상황에 따라 미노우와 바이브레이션, 지그헤드 등 루어를 용도별 색상별로 수시 교체하고, 네댓 번 캐스팅해서 입질이 없으면 포인트를 옮겨 다니며 캐스팅해서 감성돔이나 참돔, 농어 등 대상어(對象魚)가 물어주면 마무리를 잘해야 한다. 낚시인이 열심히 낚시해서 낚고자 하는 대상어를 낚아도 마지막 끝마무리를 제대로 하지 못하면 낚았던 물고기도 내 물고기가 되지 않는다.

농어 루어낚시에 입문한 지 채 두 달도 안 된 초보 때였다. 어슴푸레한 새벽, 냉각수(冷却水)가 배출되는 발전소 배수구 옆 테트라포드에서 워킹 농어 루어낚시를 했었다. 30여 분 캐스팅했나? 만조 물돌이가 지나고 초날물 무렵 생각지도 못한 대물 농어 입질을 받았다.

한창 농어 루어낚시를 배우고 있던 왕초보 때라 대물 농어 히트 후 어떻게 파이팅을 하고 마무리는 또 어떻게 해야 하는지 아무것도 몰랐었다. 정신없이 바늘털이하면서 강렬하게 저항하는 대물 농어를 어렵게 발 앞까지 끌고 왔는데 마무리가 되질 않았다.

농어를 뜰채에 담아서 랜딩해야 하는데 뜻대로 되질 않았다. 낚시 자리 앞 가까운 수면에 올라온 대물 농어를 보고 당황해서 빨리 끌어올리려고 뜰채질을 서두르다 미노우 트레블 훅이 뜰채 후레임 망에 걸리고 말았다. 농어 미노우는 트레블 훅이 머리와 몸통, 꼬리 쪽에 세 개가 달려있어서 트레블 훅이 뜰망 등에 걸리면 손으로 빼내기도 쉽지가 않다. 미노우 트레블 훅이 후레임 망에 걸려서 대물 농어를 뜰망 안으로 넣을 수가 없었다.

크기가 작은 5짜 안팎 되는 농어 같으면 낚싯대로 들어 올리든지, 낚싯줄을 잡고 끌어당기든지 마무리를 할 수 있었을 텐데 80cm가 넘어가는 대물 농어를 발판이 불편한 테트라포드에서 도무지 어떻게 해볼 수가 없었다. 대물 농어와 4~5분 실랑이했을까? 농어를 뜰망 안으로 넣는 마지막 끝마무리를 하지 못하는 바람에 얼마 뒤 미노우 바늘이 빠져서 놓치고 말았다.

다 잡은 대물 농어를 눈앞에서 놓치자 얼마나 안타깝고 허망하던지 한동안 맥이 빠졌지만, 다행히 얼마 뒤 또 한 번 9짜 가까운 대물 농어 입질을 받아서 4~5분 파이팅을 한 뒤 뜰채로 무사히 마무리하여 아쉬움을 달랬었다.

농어 루어낚시 입문 2년째 되던 해였다. 어느 날 새벽 냉각수가 나오는 발전소 배수구 옆 테트라포드에서 농어 루어낚시를 했었다. 운이 좋았는지 70cm 정도 되는 농어 두 마리와 80cm 가까운 농어를 랜딩해서 꿰미에 꿰여놓았었다. 두어 시간 낚시했나? 얼마 뒤 물때가 바뀌어 낚싯대를 접고 철수하려고 농어를 꿰어놓은 꿰미 줄을 끌어당기자 꿰미가 올라오지 않았다.

파도에 휩쓸려서 농어들은 복잡한 테트라포드 사이로 들어가고, 꿰미 줄은 테트라포드에 얼기설기 뒤엉켜서 꿰미가 빠져나오지 않았다. 꿰미 줄을 잡고 이리저리 당겨 보았지만, 꿰미 줄이 테트라포드에 얼마

나 단단하게 얽혔는지 꿈쩍을 하지 않았다. 꿰미 줄과 한동안 실랑이하다가 꿰미 줄이 끊어질 각오를 하고 힘껏 잡아당기자 꿰미가 빠져나왔는데 농어가 한 마리밖에 없었다.

깜짝 놀라서 테트라포드 아래쪽을 살펴보자 농어 한 마리가 테트라포드 사이에 있어서 얼른 뜰채로 건져 올렸다. 그런데 나머지 한 마리가 보이지 않았다. 꿰미가 있던 테트라포드 주변을 살펴보았지만, 농어가 어디로 사라졌는지 보이지가 않았다. 혹시나 하고 테트라포드 앞쪽을 둘러보자 농어 한 마리가 가까운 수면에서 둥둥 떠다니고 있었다.

꿰미 줄에 묶여있던 80cm 정도 되는 대물 농어가 파도에 시달려서 탈진했는지 테트라포드 앞 가까운 수면에서 하얀 배를 드러내놓고 주변을 빙빙 돌면서 파도가 치면 테트라포드 쪽으로 밀려오다가 파도가 나가면 바다 쪽으로 밀려가기를 반복하고 있었다.

눈앞에서 떠다니고 있는 대물 농어를 건져보려고 뜰채를 대봤는데 거리가 한 뼘 정도 부족했었다. 안타까운 마음에 바닷물에 들어가서 건져오고 싶은 생각이 굴뚝같이 들었지만, 수심(水深)이 깊어서 들어가지 못하고 발 앞에서 멀어져가는 대물 농어를 바라보기만 했었다.

이뿐만이 아니다. 루어낚시를 배우던 초보 시절, 발판이 협소한 테트라포드에서 6짜 후반 정도 되는 농어를 어렵게 릴링해서 뜰채로 랜딩한 후 입속에 박힌 루어 바늘을 빼고 아가미에 꿰미를 꿰려고 손으로 잡는 순간 농어가 요동치는 바람에 본의 아니게 방생하고, 발판이 협소한 갯바위에서 4짜 후반 광어를 랜딩하여 맨손으로 잡고 루어 바늘을 빼다가 바다에 빠트리기도 했다.

　찌낚시든 원투낚시든 루어낚시든 낚시꾼이 열심히 낚시해서 낚고자 하는 대상어를 낚아도 모두 내 물고기가 되는 것이 아니다. 운 좋게 감성돔이나 참돔, 농어 등 대상어를 잡아도 마지막 끝마무리를 제대로 하지 못하면 내 물고기가 되지 않는다. 낚시를 마치고 집까지 가져와야만 내 물고기가 되는 것이다.

♣ 낚시는 마지막 끝날 때까지
　다 끝난 게 아니다.

낚시 도구와 강간 도구

미국 보스턴에 사는 한 부부가 호숫가로 휴가를 갔다.

낚시광인 남편이 보트를 타고 새벽 낚시를 나갔다가 돌아와서 낮잠을 자는 동안 부인이 혼자 보트를 타고 호수 한가운데까지 나가서 닻을 내리고 시원한 호수 바람을 즐기며 책을 읽고 있었다.

경찰 보트가 호수 순찰을 하다가 부인이 타고 있는 보트에 다가와서 검문을 했다.

"부인, 여기서 무엇을 하고 계십니까?"

"책을 읽고 있는데요, 뭐 잘못된 것이라도 있습니까?"

"예, 이 지역은 낚시 금지구역이라 벌금을 내셔야겠습니다."

"아니, 여보시오? 내가 낚시를 하고 있지도 않은데 벌금을 내라니요?"

"현장에서 낚시하고 있지 않더라도, 보트에 낚시 도구를 완전히 갖추고 금지구역 내에 정박하고 있는 것은 벌금 사유에 해당이 됩니다."

"그래요? 그러면 나는 당신을 강간죄로 고발하겠습니다."

"아니, 부인! 나는 부인에게 손도 댄 적이 없는데 강간이라니요?"

"당신도 강간 도구를 완전히 갖추고 내 가까이 있지 않습니까?"

♣ 낚시꾼이 주일에 교회에 출석하지 않는다고 해서

반드시 하느님과의 사귐이 끊기는 것은 아니다.

-폴 퀴네트-

피딩 타임

피딩 타임은 농어나 삼치, 부시리 등 루어낚시 대상어(對象魚)들이 베이트 피쉬, 작은 물고기를 잡아먹는 시간으로 주로 새벽 동틀 무렵과 해가 지는 저녁 일몰 무렵의 시간대를 이르는 말이다.

여름철 5시쯤 해가 뜨면 한 시간 전후, 새벽 4시 무렵부터 6시까지 대상어들의 먹이 활동이 왕성하고, 오후 7시에 해가 지면 일몰 한 시간 전후, 6시 무렵부터 8시까지 입질이 활발해진다.

농어나 삼치, 부시리 등 루어낚시는 대상어들의 먹이 활동이 왕성한 어슴푸레한 새벽 무렵과 저녁 일몰 무렵 피딩 타임에 하면 밝은 낮에 낚시할 때보다 네댓 배 이상의 조과(釣果)를 올릴 수 있다.

♣ 물고기는 눈꺼풀이 없다.
해가 올라가면 물고기가 많이 낚이지 않는다.
-일본 속담-

낚시 입문기

　지난 2002년 가을 어머니가 돌아가시고 이듬해인 2003년 추석 다음 날이었다. 고향 솔머리에 갔었다. 가족들과 식사를 한 뒤 어린 시절 생각에 마을을 한 바퀴 둘러보고 바닷바람도 쐴 겸 마을 앞 장불로 나갔었다.

　오랜만에 바닷가 장불에서 쌍도(雙島)와 바다를 보자 어린 시절 코흘리개 동무들과 멱을 감고 망둑어 낚시하던 생각이 났다. 얼마 뒤 솔머리 집에 와서 작은형과 어릴 적 망둑어 낚시하던 얘기를 하자 옆에 있던 형수가 며칠 전 재진이 아버지가 쌍도에서 숭어를 잡았다고 삼촌도 한번 잡아보라고 했다.

　쌍도 어디에서 어떻게 숭어 낚시를 하는지 배워보고 싶었다. 이튿날 망둑어 낚싯대 하나 들고 무작정 쌍도로 들어갔다. 마침 재진이 아버지가 와 있었다. 그런데 가는 날이 장날이라고 바람이 불고 파도가 몰아치는 바람에 네댓 시간 바다 구경만 하고 돌아왔다.

보름 뒤 숭어 낚시를 배우러 또 한 번 쌍도에 갔다. 언제 왔는지 지도소에 다니는 동네 형이 와 있었다. 숭어 낚시 채비는 어떻게 하고, 수심(水深)은 얼마를 주며 또 미끼는 어떻게 끼우는지 어느 것 하나 알아보지도 않고 준비해 간 망둑어 낚싯바늘에 크릴 미끼를 끼워서 낚시했다.

한동안 낚시하다 보니 숭어인지 제법 큰 물고기 여러 마리가 낚시하고 있는 갯바위 주변에서 왔다 갔다 회유(回游)를 했다. 30~40분 낚시했을까? 아무런 입질도 없고 무료하고 지루하여 뒤쪽에서 낚시하고 있는 동네 형한테 가보았다.

언제 잡았는지 조락(조릿대나 대나무 살을 엮거나 이어 만든 바구니)에 팔뚝만 한 숭어가 대여섯 마리나 들어있었다. 어떻게 잡았느냐고 묻자 대답 대신에 낚시채비를 보더니, 가지고 있던 작은 낚싯바늘을 하나 주면서 이 바늘로 낚시해 보라고 했다.

작은 낚싯바늘로 채비를 바꾸고 얼마 뒤 엉겁결에 숭어 입질을 받았다. 두 뼘 정도 됐었는데 갯바위로 랜딩한 뒤 어떻게 마무리할지 한동안 쩔쩔맸다. 자리가 불편한 갯바위에서 어렵게 마무리하고 얼마 뒤 또 한 마리를 낚았는데 두 번째 숭어도 어떻게 낚고 어떻게 마무리했는지 기억이 나질 않는다.

한 가지 선명하게 생각나는 것은 숭어 입질 후 팔뚝만 한 숭어와 실랑이할 때 뭐라 말할 수 없는 강렬한 느낌이 있었다. 2주 뒤 두 번째 숭어 낚시하러 가서 숭어 두세 마리를 낚고 숭어 낚시에 빠지게 되었다. 이후 낚싯바늘과 봉돌, 막대찌, 낚싯줄과 목줄 등 숭어 낚시 방법을 하나하나 배웠다.

옆집 재진이 아버지한테 배우기도 하고, 인터넷을 검색해서 숭어 낚시하는 방법을 배웠다. 두 달 정도 지났을까? 어느 날 낚싯바늘에 크릴 미끼 끼우는 방법을 배우고 난 뒤 주말마다 묵직한 숭어 손맛을 보면서 낚시의 매력에 빠지고 말았다.

이때는 자나 깨나 온통 숭어 낚시 생각뿐이었다. 그리고 찌낚시는 숭어 낚시만 하는 줄 알았다. 어느 날이었다. 옆에서 낚시하고 있던 재진이 아버지가 "자네는 차가 있으니까 낚시터가 넓은 마량리 쪽으로 낚시하러 다녀라."라고 했다.

그해 겨울이었다. 인터넷에서 숭어낚시를 검색하다가 농어 루어낚시를 접하게 되었다. 워킹 농어 루어낚시를 하면 운동도 되고 좋을 것 같았다. 인터넷 쇼핑몰에서 농어 루어낚싯대와 릴, 낚시가방과 구명조끼 등을 샀다. 낚시 장비를 산 뒤 인근 띠섬과 마량 방파제, 동백정 방조제 등 가까운 낚시터 답사를 했다.

이듬해 4월 어느 날, 집사람과 동백정 갯바위로 첫 출조(出釣)를 나갔다. 몇 사람이 냉각수(冷却水)가 배출되는 발전소 배수구 주변 테트라포드와 갯바위에서 낚시하고 있었다. 막상 낚시하러 왔지만, 릴 낚싯대 다루는 법도 모르고 릴 조작법도 몰랐다. 어렵게 채비를 하고 낚시를 했는데 얼마 뒤 손가락만 한 우럭이 잡혔다.

그동안 고향 앞 쌍도에서 짧은 민장대로 숭어 낚시만 하다가 릴 낚싯대로 물고기를 낚으니까 기분이 얼마나 흐뭇하던지, 그런데 얼마 뒤 캐스팅하다가 릴 조작 미숙으로 낚싯줄이 꼬이고 말았다. 릴에 낚싯줄이 엉켜서 낚시할 수가 없었다. 집에 돌아와서 릴 조작법도 배우고 찌 낚싯대도 샀다.

릴 조작법을 배우고 찌 낚싯대를 산 뒤 본격적으로 낚시하러 다녔다. 주말과 국경일 등 쉬는 날이 되면 꽃쟁이 섬과 마량 방파제, 동백정 갯바위를 다니며 낚시했다. 주로 발전소 배수구 앞 홈통 갯바위에서 낚시했는데, 5월 어느 날 운 좋게 5짜 광어를 낚고 이후 숭어와 전어, 우럭, 학꽁치 등을 낚았다.

찌낚시 입문 이듬해인 2005년 6월 초여름 주말이었다. 어슴푸레한 새벽, 꽃쟁이 섬 인근 방조제에서 부지런히 밑밥을 뿌려주며 두어 시간 낚시했는데 이상하게 우럭 새끼 입질 한 번 없었다. 무료하고 지루하여 잠깐 한눈을 팔고 있는 사이에 막대찌가 보이지 않았다.

"그새 밑걸림이 발생했나?" 하고 낚싯대를 당겼다. 뭔가에 걸렸는지 꿈쩍하지 않아서 채비가 테트라포드에 걸린 줄 알았다. 계속 낚싯대를 당기자 움직임이 있었다. 얼마 뒤 묵직하게 낚싯대를 끌어당기는 느낌이 왔다. 갑자기 가슴이 벌렁벌렁 뛰고 다리가 후들거렸다. 두 손으로 낚싯대를 세우고 파이팅을 하자 얼마 뒤 그야말로 빨래판 크기만 한 시커먼 감성돔이 수면 위로 떠올랐다.

어렵게 뜰채에 담아 올린 뒤 손으로 길이를 재보자 두 뼘이 훌쩍 넘

는 대물 감성돔이었다. 첫 감성돔이 꿈에 그리던 5짜(58cm) 감성돔이었다. 이날 오후 집에 와서 인증 사진을 찍고, 인터넷 낚시 사이트에 조행기(釣行記)를 올리면서 바다낚시에 빠지게 되었다.

♣ 인생의 어느 순간에는

반드시 낚시해야 할 때가 온다.

-폴 퀴네트-

대박 낚시

몇 해 전 인터넷 바다낚시 사이트에서 낚시인들을 대상으로 설문 조사를 했다. 원도권(遠島圈)과 내만권(內灣圈) 등 출조 지역과 대상 어종, 낚시 장르에 따라서 차이가 있겠지만, 낚시인들이 선망하는 감성돔의 경우 대박 낚시 기준은 "40cm 이상 씨알이 포함된 다섯 마리를 낚았을 때."라고 답했다.

어복(魚福)이 많아서인지 남해안이나 동해안과 달리 조수(潮水) 간만(干滿)의 차가 큰 데다가 수심(水深)이 얕고 낚시환경이 열악한 서해 중부 내만권 도보 낚시터에서 낚시꾼들이 선망하는 감성돔을 운 좋게 '대박 낚시' 기준인 40cm 이상 씨알이 포함된 다섯 마리를 여러 번 낚았다.

요즘 즐겨 다니고 있는 '농어 대박 낚시 기준' 설문 조사 결과는 없지만 나름의 생각으로는 '60cm 이상 씨알이 포함된 대여섯 마리' 또는 '70cm 이상 세 마리나 80cm 넘어가는 농어와 50~60cm를 한두 마리 낚았을 때' 대박 낚시가 아닐까 한다.

바늘털이 놓어도 서해 중부 내만권 도보 낚시터에서 운 좋게 나름의 대박 낚시 기준인 60cm 이상 씨알이 포함된 대여섯 마리와 70cm 이상 세 마리를 낚고, 80cm가 넘어가는 따오기와 50~60cm 농어 한두 마리 이상을 여러 번 낚았다.

이 밖에 손님 고기 삼치도 한 물때에 40cm 이상을 60여 마리 낚고, 집에서 가까운 도보 포인트에서 한 뼘 넘는 우럭(조피볼락)을 스무 마리 넘게 낚기도 했다.

♣ 중년의 즐거움 가운데 하나는,
멋진 물고기를 놓쳐도 화가 나지 않는 것이다.

-폴 퀸네트-

낚시를 배우지 않았다면

20년 넘게 피워왔던 담배도 끊고, 즐겨 두던 바둑도 접고, 젊은 시절 매진했던 동양화 공부도 하지 않고, 남들처럼 술도 마시지 못하고, 만약 낚시를 배우지 않았다면 좋아하는 취미나 운동도 없고, 모임이나 동호회 활동도 없고 마땅한 소일거리가 없는 내가 무엇을 하면서 지내고 있을까?

은퇴 후 농사도 짓지 않고, 서예를 하거나 그림을 그리고 기타를 치거나 색소폰을 부는 취미도 없고, 당구나 골프도 칠 줄 모르고, 할 수 있는 것이라고는 사리 때마다 바다에 나가 해루질하고, 집에서 책을 읽고 글을 쓰는 것뿐인데 그것도 시력이 부실해서 일주일에 한두 권밖에 읽지 못하고, 만약 낚시를 배우지 않았다면 무엇을 하면서 지내고 있을지 상상이 가질 않는다.

낚시는 자연이 준 가장 위대한 선물이다.

내 인생의 낚시

지금까지 살아오면서 크게 성공도 못 하고, 남들처럼 재산도 모으지 못했지만 내 인생에 잘한 게 하나 있다. 바로 낚시를 배운 것이다.

바닷가에서 태어나고 자라 어린 시절 코흘리개 동무들과 마을 앞 쌍도(雙島)와 독살(조수 간만의 차가 큰 해안가에 돌을 담처럼 쌓은 뒤 밀물과 썰물 차를 이용하여 물고기를 잡는 전통어로 형태의 하나)에서 대나무 낚싯대로 망둑어와 우럭 낚시를 했었다. 성년이 된 후 바쁜 직장생활을 하느라 한동안 낚시를 잊고 살다가 한·일 월드컵이 열리던 2002년 가을 30여 년 만에 고향 앞바다에서 망둑어 낚시를 하게 되었다.

이듬해 숭어 낚시를 배우고, 주 5일 근무제가 시행되던 2004년 낚싯대와 릴, 뜰채, 구명조끼와 낚시가방, 낚시신발 등 제대로 된 낚시 장비를 갖추고 주말 여가 생활 및 취미 활동으로 감성돔과 숭어, 우럭, 학꽁치 등 낚시를 했다. 이후 백조기와 주꾸미 선상 낚시를 하고, 2012년 직장에서 퇴직한 후에는 요즘 즐겨 다니고 있는 워킹 농어 루어낚시와 감성돔 원투낚시를 하게 되었다.

2004년 바다낚시에 입문하여 망둑어 낚시부터 숭어낚시와 감성돔 흘림 찌낚시, 원투낚시, 워킹 루어낚시, 주꾸미와 백조기 선상 낚시 등 20여 년 동안 다양한 장르의 낚시를 하면서 낚싯대와 릴, 뜰채, 구명조끼, 낚시가방과 살림망, 낚시신발, 찌와 루어 등 많은 낚시 장비를 사고 1,200회 넘게 출조(出釣)하느라 돈도 많이 들어가고 시간도 많이 나갔지만 얻은 것도 많다.

먼저 삶이 즐거워지고 행복해졌다. 낚시하는 재미에 푹 빠졌기 때문이다. 천지만물(天地萬物)의 이치에 통달하고, 귀가 순해진다는 이순(耳順)이 지난 나이에도 낚시하러 가는 전날 밤은 소풍 가는 초등학생처럼 가슴이 설레어 밤새 잠이 오지 않는다.

이른 새벽 한적한 바다에서 낚싯대를 드리우고 느릿느릿 흘러가는 찌를 바라보고 있노라면 그야말로 세상 부러울 게 하나 없다. 어쩌다 운 좋게 5짜 감성돔이나 80cm가 넘어가는 대물 농어(일명 따오기) 입질이 들어와서 밀고 당기는 실랑이를 벌일 때 가슴이 벌렁벌렁 뛰고 다리가 후들거리는 그 가슴 짜릿한 행복감이란 경험해본 낚시인들만이 알 수가 있다.

다음은 삶과 인생을 생각하게 되었다. 분주한 일상에서 벗어나 바다에 나가 선망하는 감성돔이나 바늘털이 농어 등 대상어(對象魚) 입질이 오기를 기다리며 나는 누구인가, 왜 사는가, 지금까지 어떻게 살아왔는지 등 인생과 지나온 삶을 되돌아보고 가족과 이웃 등 주변을 둘러보며 앞으로 어떻게 살아가야 할지 생각해보는 시간을 갖게 되었다.

성격이 느긋해지고 건강해졌다. 젊은 시절에는 타고난 성격이 조급해서 오래 기다리고 인내하는 것을 못 했었다. 말도 빠르게 하고 식사도 빨리하고, 집이나 직장에서 무슨 일을 해도 느긋하게 하지 못하고 빨리빨리 처리해야만 했다. 낚시도 성격이 급해서 입질이 빨리 오는 망둑어 낚시를 했었다.

망둑어 낚시에 이어 숭어 낚시를 하다가 우리 나이 쉰 살, 지천명(知天命)의 나이에 감성돔 흘림 찌낚시를 하고 이후 주꾸미와 백조기 선상 낚시, 워킹 농어 루어낚시와 원투낚시 등 다양한 장르의 낚시를 하면서 기다리고 인내하는 법을 배우게 되었다.

넓고 넓은 바다에서 느긋하게 낚싯대를 드리우고 감성돔과 농어 등 대상어 입질이 오기를 기다리면서 조급했던 성격을 다스리고 인내하는 법을 배우고 있는데 뒤늦게나마 기다리고 인내하는 낚시 덕분에 지금은 조급했던 성격이 느긋해졌다.

몇 해 전부터 두세 시간 캐스팅과 릴링을 반복해야 하는 워킹 농어 루어낚시를 즐겨 다니고 있다. 지형이 험한 갯바위와 구조물이 복잡하게 들어선 테트라포드를 두세 시간 오르내리며 캐스팅하고 릴링과 트위칭을 하다 보면 저절로 운동이 되어 체력도 향상되고 건강해졌다.

또 있다. 지난 97년 IMF 외환위기 사태 이후 여신업무와 채권관리, 예·적금, 비씨카드, 공제보험과 외환, 농산물 유통전문역(流通專門役), 지자체 금고(金庫) 업무와 유관기관(有關機關) 관리 등을 담당하면서 말할 수 없는 스트레스를 받았었다. 주 5일 근무제가 시행되는 2004년 바다낚시에 입문하여 주말이나 국경일 등 쉬는 날이 되면 탁 트인 바다에 나가 상쾌한 바닷바람을 쐬고, 가슴 설레는 낚시를 하면서 복잡다단한 업무 스트레스를 해소할 수 있었다.

-자전 에세이 『이름없는 풀꽃처럼』 중에서-

♣ 1시간 동안 행복하려면 술을 마셔라.
3일간 행복하고 싶다면 결혼을 해라.
8일간 행복하려면 돼지를 잡아먹어라.
영원히 행복해지고 싶다면 낚시를 배워라.

-중국 속담-

낚시광 H

바다낚시의 메카인 부산에서 낚시광으로 소문 난 H씨가 있었다.

스물다섯 살에 결혼한 낚시광 H 씨, 제주도로 신혼 여행을 가서 여행 첫날 사고를 치고 말았다. 호텔에 들어간 신부가 귤을 먹고 싶다고 해서 귤을 사러 밖으로 나간 것까지는 좋았는데, 마트를 가는 도중에 50cm 정도 되는 벵에돔을 낚아가는 현지 낚시꾼들을 만나게 되었다.

대형 벵에돔에 눈이 휘둥그레진 낚시광 H 씨, 낚시꾼들에게 "어디에서 낚았느냐?"고 물었다. 낚시꾼들 왈, "잠깐 낚시하면 벵에돔 잡아서 저녁 무렵에 돌아올 수 있다."라며 그들의 밤낚시에 새신랑 H 씨를 초대했다. 대형 벵에돔에 눈이 먼 새신랑은 호텔에서 기다리고 있는 신부를 내팽개쳐두고 성산포 앞 우도로 낚시하러 들어갔다.

우도에 들어간 낚시광 새신랑, 예기치 못한 사고를 당하고 말았다. 배가 고장 나서 철수를 못 하게 되었다. 새신랑 H 씨는 발을 동동 굴렀지만 어쩔 수 없이 우도 갯바위에서 밤을 새워야 했다. 신혼의 단꿈에 잠겨있어야 할 신부는 혼자 눈물과 불안 속에서 첫날 밤을 새워야 했다.

다음 날 아침, 낚시광 신랑이 부랴부랴 신부가 있는 호텔로 달려갔을 때 부산의 친가와 처가에서 난리판이 벌어져 있었다. 그날로 신혼 여행이 마감됐음은 물론이다. 신랑이 손발이 닳도록 빌어서 파경을 막았지만, 신혼 첫날밤에 신부에게 평생 씻기 어려운 앙금을 남겼다.

♣ 사람들은 물고기를 좋아한다.
사람이나 물고기나 입을 잘못 벌리면
어려운 상황을 맞게 된다.

SNS

바다낚시와 해루질 활동을 하면서 낚시터 주변 풍광과 소라와 골뱅이 등 해루질 사진을 찍고, 오가는 길에 바닷가에 피어있는 해당화와 참나리, 갯메꽃 등 사진을 찍는다. 운 좋게 감성돔이나 농어, 광어 등 대상어 조과(釣果)가 있으면 인증 사진도 찍고, 집에 오면 출조일지(出釣日誌)와 조행기(釣行記)를 쓴다.

낚시를 배우던 2004년부터 지금까지 20년째 낚시터 주변 풍광과 감성돔, 농어, 광어는 물론 소라와 골뱅이, 박하지 등 해루질 조과물(釣果物) 사진을 조행기와 함께 인터넷 ○○낚시 사이트, 페이스북, 카카오톡 등 SNS에 올리고 있다.

♣ 시간은 내가 그 속에서
낚시질하는 흐름이다.
-미국 속담-

이상한 낚시

　낚시는 참 이상하다. 감성돔이나 참돔 등 찌낚시를 하거나 원투낚시를 할 때 한동안 입질이 없어서 잠깐 한눈을 팔거나 딴짓하고 있을 때 이상하게 입질이 들어 온다.

　초보 때였다. 찌낚시 입문 이듬해인 2005년 6월 12일, 꽃쟁이 섬 인근 방조제에서 낚시했었다. 어슴푸레한 새벽부터 두어 시간 낚시했나? 조류(潮流) 흐름도 원활하고 날씨와 물때 등 바다 상황도 좋은데 이상하게 우럭 새끼 등 잡어 입질 한 번 없었다. 무료하여 잠시 주변 풍광을 둘러보며 한눈을 팔고 있는 사이 막대찌가 보이지 않았다.

　"그새 우럭 새끼가 입질했나?" 생각하고 가볍게 챔질을 하자 둔탁한 느낌이 들었다. 채비가 바닥 걸린 것 같은 느낌이 들어서 여윳줄을 감고 낚싯대를 세우자 이상하게 움직임이 있었다. 얼마 후 묵직하게 왔다 갔다 하면서 강렬하게 저항을 했다.

　무언가 큰 물고기가 입질한 것 같았다. 두 손으로 낚싯대를 잡고

4~5분 실랑이를 한 뒤 수면 위로 띄우자 그야말로 빨래판 크기만 한 시커먼 감성돔이 떠올랐다. 입질이 없어서 잠깐 한눈을 팔고 있다가 꿈에 그리던 대물 감성돔(58cm)을 낚았다.

또 한 번은 아카시아꽃이 피는 5월 어느 봄날이었다. 자주 가는 ○○ 갯바위에서 감성돔 원투낚시를 했었다. 날씨와 물때가 좋아서 어슴푸레한 새벽부터 대상어(對象魚) 감성돔 입질을 기대하고 부지런히 미끼를 갈아주며 열심히 낚시했는데 별다른 입질이 없었다.

두어 시간 낚시했나? 피딩 타임도 지나고 입질이 없어서 잠시 몸도 풀 겸 자리에서 일어나 스트레칭을 하고 낚시 자리 주변 갯바위를 둘러보고 있는 와중에 갑자기 낚싯대 받침대가 쓰러지면서 원투 낚싯대가 끌려가는 큰 입질이 들어왔었다.

바다로 끌려가는 낚싯대를 붙잡으려고 해조류(海藻類)와 물기가 있는 미끄러운 갯바위를 다급하게 뛰어가다가 넘어져서 무릎과 정강이를 다치고 피를 보았다. 주변에 다른 낚시꾼들이 있어서 창피했었지만, 불행 중 다행이랄까, 가까스로 낚싯대를 잡고 2~3분 파이팅을 한 뒤 5짜 감

성돔을 낚았다. 그런데 왜 잠깐 한눈을 팔거나 딴짓을 하고 있을 때 입질이 들어오는 걸까?

농어나 광어, 삼치 등 루어낚시 할 때도 이상하게 방심하고 있을 때 입질이 들어온다. 대상어 농어가 은신해 있을 만한 수중여나 입질이 예상되는 지점에서는 입질이 없다가 전혀 예상하지 못한 엉뚱한 곳에서 난데없이 입질이 오고, 미노우나 바이브레이션 등 루어가 낚시하고 있는 갯바위나 테트라포드 앞 가까이 와서 루어를 회수하려고 할 때 발 앞에서 갑자기 입질이 들어오곤 한다.

아쉽게도 주변을 둘러보며 잠깐 한눈을 팔거나 딴짓하고 있을 때 입질이 들어와서 뒤늦게 챔질을 하고, 또 예상하지 못한 곳에서 입질하거나, 방심하고 있을 때 갑자기 대상어 입질이 들어와서 엉겁결에 챔질하면 훅킹이 제대로 되지 않아 놓치는 경우가 많다.

이 밖에 낚시는 이상한 게 많다. 출조(出釣)하는 날 물때와 날씨 등 바다 상황이 좋아서 잔뜩 대상어를 기대하고 낚싯대도 예비대까지 두어 대 챙기고, 미끼와 밑밥도 넉넉하게 준비하고, 감성돔이나 농어 등 대상어를 잡으면 살려 오려고 살림망과 기포기까지 준비해서 출조하면 이상하게 입질을 받지 못한다.

반대로 비도 오락가락하고 날씨와 물때가 좋지 않아서 낚시하러 갈까 말까? 몇 번을 망설이다 대상어는 기대하지 않고, 잠깐 바닷바람이나 쐬고 오려고 대충 밑밥과 미끼를 준비하고, 낚싯대 하나에 살림망과 기포기는 귀찮아서, 또는 깜빡해서 챙기지 않고 별다른 준비 없이 단출하게 출조하면 이상하게 입질이 온다. 그것도 5짜 가까운 감성돔이나 70cm가 넘어가는 대물 농어가 낚인다.

또 전날 바닷바람이나 쐬고 오려고 가벼운 마음으로 혼자 단출하게 출조했다가 예상외로 조황(釣況)이 좋아서 이튿날 마음먹고 친구를 데리고 동행 출조를 하거나, 호조황을 기대하고 여느 때보다 밑밥과 미끼도 넉넉히 준비하고, 살림망과 기포기 등 이것저것 단단히 준비해서 출조하면 입질을 받지 못한다. 또 낚시터에 도착해서 낚시하기 전에 물고기를 잡으면 살려두려고 미리 바칸(살림통)에 바닷물을 떠 놓으면 이상하게 대상어를 잡지 못한다.

이상한 게 또 있다. 낚시꾼들이 농담 삼아 "초짜가 사고 친다."라는 말을 곧잘 한다. 나름 낚시깨나 했다고 자부하는 낚시꾼이 낚시에 '낚'자도 모르는 친구를 데리고 동행 출조하면 낚시꾼은 정작 입질을 받지 못하는데 이상하게 왕초보 친구는 대상어 입질을 받는다. 그것도 대물 입질을 받아서 낚시꾼을 당혹스럽게 만든다.

이뿐만이 아니다. 이른 새벽부터 오후 늦게까지 똑같은 포인트에서 똑같이 예닐곱 시간 낚시해도 운 좋게 감성돔이나 농어 등 대상어를 한두 마리 낚은 날은 힘들지 않고 배도 고프지 않은데, 대상어를 잡지 못하는 날은 이상하게 피곤하고 더 허기가 진다.

그리고 출조할 때마다 낚고자 하는 대상어, 감성돔이나 참돔, 농어 등이 마릿수로 낚인다면 낚시꾼들이 날마다 낚시하러 갈까? 출조할 때마다 감성돔과 참돔, 농어 등 대상어가 마릿수로 낚는다면 한동안은 손맛 보는 재미에 출조할 것이지만, 얼마 지나지 않으면 낚시꾼들은 아마 흥미가 떨어져서 낚시하러 가지 않을 것이다. 왜 그러는 걸까? 지난 20여 년 동안 1,200회 이상 출조해서 6만 시간 넘게 낚시했는데도 왜 그러는지 알 수가 없다.

♧ 낚시의 세계는 참으로 다채롭다. (중략)

낚시는 인간에게서 가장 다정다감하면서도 심오한 몇 가지 심성을,

그리고 때로는 가장 못된 심성을 끌어내기도 한다.

낚시란 느긋하고도 침착하거나, 서정적이기도 하고, 미칠 듯 열정적이기도 하다.

-릭 리온스-

조과(釣果)를 올리는 방법

 낚시인이 낚시의 목적물인 감성돔이나 참돔, 농어, 광어, 우럭 등 대상어(對象魚) 조과(釣果)를 올리기 위해서는 어종별, 장르별로 다양한 채비법과 낚시 방법을 알아야 한다. 여기에 대상 어종의 습성, 낚시 자리 수변 지형과 포인드, 날씨와 바람과 파고와 수온, 밀물과 썰물 등 물때와 수심(水深)과 조류(潮流) 등을 파악하고 열심히 낚시해야 한다. 하지만 무엇보다 중요한 것은 자기 자신의 낚시에 자신감을 가지는 것이다.

 세상 모든 일이 '자신이 하고자 하는 일에 자신감을 가지고 임하는 것'이 중요하듯이 낚시할 때도 자신이 낚고자 하는 감성돔이나 참돔, 농어, 광어, 우럭 등 '대상어를 낚을 수 있다.'라는 자신감을 가지고 낚시에 임하는 것이 중요하다. 같은 시간, 같은 포인트에서 똑같이 낚시한다면 '대상어를 낚을 수 있다.'라는 자신감을 가지고 낚시에 임하는 사람과 자신감 없이 낚시하는 사람의 결과는 다르다. 낚시하는 집중력이 차이가 나기 때문에 조과도 차이가 나고, 낚시하는 즐거움도 다르다.

흘림 찌낚시든 원투낚시든 루어낚시든 낚시인이 낚고자 하는 대상어, 감성돔이나 참돔, 농어 등 조과를 올리기 위해서는 '대상어를 낚을 수 있다.'라는 자신감을 가지고 낚시에 임해야 한다. 여기서 '대상어를 낚는다.'라는 얘기는 반드시 낚아야 하는 의무가 아니라 낚시인의 '꿈이고 희망'인 것이다.

♣ 뛰어난 낚시꾼은 입질이 전혀 없어도 고기를 마구 낚아 올릴 것처럼 낚시에 몰두한다. 희망이 없다면 아마 영원히 그만두었을 것이다. -폴 퀸네트-

낚시와 라면

지금은 모두 폐쇄되었지만 2000년대 중반 무렵 한창 낚시를 배우던 초보 때는 냉각수(冷却水)가 배출되는 ○○발전소 배수구 앞 갯바위와 배수구 주변 테트라포드, 동백정(冬栢亭) 주차장에서 1㎞ 정도 떨어진 까치여와 꽃쟁이 섬 주변 방조제로 출조(出釣)했었다.

낚시에 빠져 있던 초보 시절, 주말이나 국경일 등 공휴일이 되면 새벽 일찍 냉각수가 나오는 ○○발전소 배수구 앞 갯바위와 주변 테트라포드, 꽃쟁이 섬 인근 방조제 등으로 출조해서 대여섯 시간 낚시하고 점심때쯤 되면 낚싯대를 접고 철수했었다.

낚시를 마치고 집으로 오다 보면 동백정이나 까치여 등으로 나들이 겸 낚시하러 나온 가족들이 방조제 옆이나 동백정 주차장 주변 공터에 둘러앉아 김밥과 버너 위 냄비에서 하얀 김이 모락모락 피어오르는 라면을 끓여 먹고 있는 모습들을 자주 보곤 한다.

그렇지 않아도 꼭두새벽에 일어나 빵이나 우유 등으로 대충 요기를 하고 출조하여 대여섯 시간 낚시하다 보면 식사 때가 지나서 한참 시장기가 드는데 나들이 나온 가족들이 김밥과 얼큰한 라면을 먹고 있는 모습을 보면 도무지 참을 수가 없다. 염치 불고 하고 나들이 나온 가족들 옆자리에 끼여 앉아서 라면을 한 젓가락 얻어먹고 싶은 생각이 굴뚝같이 든다.

이런 날은 허기도 더 들고 얼큰한 라면 생각이 간절해진다. 그래서 집에 오면 손발만 씻고 먼저 라면부터 끓인다. 양은 냄비에 라면을 끓여 먹고 남은 국물에 밥까지 말아 먹은 뒤 샤워를 하고 커피를 마신 다음 낚싯대와 릴, 뜰채 등 낚시 장비 손질을 하고 출조일지(出釣日誌)와 조행기(釣行記)를 작성한 후 인터넷 낚시 사이트와 동창회 카페, 페이스북, 카카오톡 등 SNS에 낚시 사진과 조행기를 올린다.

라면을 좋아하기도 하지만 새벽 일찍 출조하거나 해루질 등 바다에

다녀와서 배가 출출하거나 입맛이 없으면 라면을 끓여 먹는다. 지금도 일주일에 두세 번 라면을 끓여 먹곤 하는데 라면을 즐겨 먹는 이유는 얼큰한 국물맛도 있지만, 양은 냄비에 물을 붓고 3분 정도 끓이면 별다른 반찬 없이 곧바로 먹을 수 있기 때문이다.

참고로 라면을 맛있게 끓이는 나만의 특별한 비법(?)은 양은 냄비에 물을 약간 적게 붓고 스프를 넣은 후 센 불로 팔팔 끓인 다음 라면을 넣고 빨리 끓여야 한다. 이래야 면발이 꼬들꼬들하고 국물도 얼큰하여 맛이 좋다. 하지만 무엇보다 맛좋은 라면이 있다. 친구들과 야외에서 끓여 먹는 라면이다. 친구들과 탁 트인 바다에 나가 낚시를 하면서 끓여 먹는 라면 맛은 그야말로 엄지 척, 따봉이다.

민물낚시든 바다낚시든, 선상이든 갯바위든 낚시인들이 먹는 음식 중에 라면만큼 낚시인들과 궁합이 잘 맞는 음식이 또 있을까?

아침저녁으로 선선한 바람이 불어오는 초가을이 되면 주꾸미 낚시 시즌이 시작된다. 주꾸미 금어기가 풀리고 주꾸미 낚시가 시작되면 시골 친구들과 인근 홍원항에 있는 K 선장 친구의 낚싯배를 타고 이따금 선상 주꾸미 낚시 출조를 한다.

꼭두새벽에 일어나서 빵이나 우유 등으로 간단하게 요기를 하고 어슴푸레한 5시에 출조하여 대여섯 시간 주꾸미 낚시를 하다 보면 시장기가 드는데 열두 시쯤 되면 선장이 점심을 제공한다. K 선장 친구가 낚시꾼들이 잡은 주꾸미를 두세 마리 정도 각출하여 라면에 갓 잡은 주꾸미를 넣고 끓여서 김치와 함께 공깃밥과 주꾸미 라면을 내준다. 선상에서 친구들과 둘러앉아 소주를 마시며 주꾸미 라면을 먹고 얼큰한 라면 국물에 밥을 말아서 김치와 먹으면 완전 꿀맛이다. 그야말로 임금님 수라상이 부럽지가 않다.

맛있는 라면이 또 있다. 어슴푸레한 새벽에 출조하여 냉각수가 배출되는 ○○발전소 배수구 앞 갯바위와 주변 테트라포드를 오가며 대여섯 시간 낚시하다 보면 식사 때가 지난다. 낚시를 마치고 나오는 길에 식사 때가 지나서 허기가 들거나 배가 출출할 때 낚시터 입구에 있던 매점에서 끓여 먹는 컵라면은 또 얼마나 꿀맛인지 모른다.

♣ 하나님이 마련해 주신 가장 평온하고,
조용하고, 순수한 행락은 낚시이다.

-아이자크 월튼-

낚시꾼들의 허풍

낚시꾼 세 명이 자신이 잡은 물고기가 크다며 자랑하고 있었다.

낚시꾼 A: "삼겹살을 구우려고 하는데 땔감이 없지 뭐야? 생각 끝에 물고기를 묶어놓은 밧줄을 소나무에 걸었더니 녀석이 몸부림칠 때마다 소나무가 한 그루씩 뽑혀 나오더군."

낚시꾼 B: "나는 석쇠를 집에 두고 왔지 뭔가? 할 수 없이 낚아 둔 물고기 비늘을 하나 뽑아서 그 위에 삼겹살을 구워 먹었다네."

낚시꾼 C: "자네들이 부럽군, 나는 물고기 꼬리에 턱을 맞고 이빨이 부러져서 그 뒤로는 고기를 먹지 못하고 있다네."

♣ 허풍을 떠는 것으로는 행복해질 수 없다.
그러나 큰 물고기를 잡은 후 바로 집으로 가는 사람은 없다.

-작자 미상-

숏타임 낚시

새벽 3시 20분, 알람 소리가 요란하다. 핸드폰 알람 소리에 비몽사몽 정신없이 일어나서 고양이 세수하듯 얼굴에 물을 묻히고 간단하게 요기를 한 뒤 낚시가방과 밑밥통을 챙겨 들고 아파트를 나선다.

바람 한 점 없는 어슴푸레한 새벽, 종천과 비인을 지나 발전소 외곽 주차장에 도착하여 시간을 보자 네 시가 지났다. 주차장 건물 옆에 주차하고 낚시가방과 배낭을 둘러맨 후 밑밥통을 들고 꽃쟁이 섬 주변 방조제로 빠르게 이동한다. 10여 분 뒤 자주 가는 포인트에 도착해서 테트라포드 위쪽 편평한 곳에 낚시가방과 밑밥통 등 낚시 짐을 정리하자 5시 10분 전이다.

채비하기 전, 수중여 주변에 밑밥을 대여섯 주걱 뿌려준 다음 서둘러 낚시채비를 하고 낚싯바늘에 싱싱한 미끼를 끼워서 설레는 마음으로 힘차게 캐스팅! 어스름한 바다에 붉은 케미 라이트를 꽂은 막대찌가 미약한 조류(潮流)를 타고 느릿느릿 흘러간다.

호수같이 고요하고 잔잔한 새벽 바다, 대상어(對象魚) 입질을 기다리는 가슴 두근거리는 이 순간이 좋다. 바람 한 점 없고 파도도 잔잔하고, 약간 후텁지근한 날씨지만 낚시하기에는 바다 상황이 좋다. 바다 상황이 좋아서 금방이라도 입질이 들어올 것 같다.

30여 분 낚시했나? 바다 상황은 좋은데 붉은 케미 라이트를 꽂은 막대찌는 아무런 반응이 없다. 지루한 시간이 40여 분쯤 지났을까? 미약한 조류를 타고 오른쪽 까치여 방향으로 느릿느릿 흘러가던 막대찌가 수중여 앞에서 스르륵 바닷물 속으로 들어간다.

기다리던 입질이다. 힘차게 챔질, 뭔가 걸렸다. 빠르게 여윳줄을 감고 펌핑을 하자 저항하는 느낌이 가볍다. 두어 번 릴링하고 낚싯대를 세우자 별다른 저항 없이 올라오는 것은 손바닥만 한 우럭이다. 우럭 입질 후 조류는 계속 미약하게 흐르고 붉은 케미 라이트를 꽂은 막대찌는 별다른 움직임이 없다.

간조 물돌이 시간, 수중여 주변에 밑밥을 대여섯 주걱 뿌려 준 뒤 낚싯바늘에 싱싱한 미끼를 끼워서 포인트 10여 미터 앞쪽에 힘차게 캐스팅! 얼마 후 채비가 정렬되자 조류를 타고 우측 까치여 쪽으로 흘러가던 막대찌가 수중여 부근에서 바닷물 속으로 사라진다. 두 번째 입질이다.

빠르게 챔질~! 걸렸다. 여윳줄을 감고 낚싯대를 세우자 묵직하게 저항하는 느낌이 이번에는 뭔가 큰 놈이 걸린 것 같다. 낚싯대가 오랜만에 활처럼 포물선을 그린다. 펌핑을 하면서 낚싯줄을 감자 아래로 쿡쿡거리며 강력하게 저항하는 느낌이 감성돔 입질 같다. 2~3분 파이팅을 하고 수면에 띄우자 씨알 준수한 감성돔이다.

4짜 감성돔을 기분 좋게 마무리한 뒤 오른쪽 수중여 주변에 부지런히 밑밥을 뿌려주면서 열심히 낚시했다. 하지만 감성돔이 낱마리로 들어왔는지 이어지는 입질이 없다. 4짜 감성돔 입질 후 간조 물돌이 시간이 지나고 초들물이 진행되는 어슴푸레한 피딩 타임, 조류 흐름도 좋은데 기대와 다르게 입질이 없다.

그렇게 30여 분이 지나고 초들물이 한창 진행될 무렵 조류를 타고 까치여 쪽으로 느릿느릿 흘러가던 막대찌가 스르륵 바닷물 속으로 들어간다. 세 번째 입질이다. 이번에도 뭔가 걸렸다. 빠르게 여윳줄을 감고 낚싯대를 세우자 왠지 저항하는 느낌이 가볍다. 1~2분 파이팅을 하면서 낚싯대를 세우고 수면 위로 띄우자 아쉽게도 4짜 숭어다.

초들물이 진행되는 피딩 타임, 또 한 번 감성돔 입질을 기대하면서 열심히 낚시했지만, 이상하게 입질이 없다. 그렇게 초들물이 끝나갈 무렵 수중여 주변에 남은 밑밥을 모두 뿌려 준 다음 낚싯바늘에 싱싱한 미끼를 끼워 포인트 앞쪽에 캐스팅하고 3~4분쯤 지났을까? 미약한 조류를 타고 오른쪽 까치여 방향으로 느릿느릿 흘러가던 막대찌가 수중여 앞에서 또 한 번 바닷물 속으로 빨려 들어간다.

네 번째 입질이다. 무언가 묵직한 게 걸렸다. 여윳줄을 감고 낚싯대를 세우자 강렬하게 저항을 한다. 또 한 번 낚싯대가 활처럼 포물선을 그린다. 펌핑을 하면서 릴링을 하자 저항하는 느낌이 왠지 감성돔 입질 같지가 않다. 손맛이 묵직하기는 한데 아래로 쿡쿡 처박는 힘이 부족하다.

2~3분 실랑이를 한 다음 낚싯대를 세우고 수면 위에 띄우자 아니나 다를까 5짜 숭어다. 얼마 후 초들물이 끝나고 중들물이 시작될 무렵 준비해간 밑밥도 바닥이 나고 시간도 많이 지났다. 물고기들이 먹이활동을 하는 피딩 타임이라 아쉬움이 있지만, 오늘은 다음 출조를 기대하면서 이만 낚싯대를 접는다.

모처럼 기분 좋은 낚시를 했다. 어스름한 새벽에 두어 시간 숏타임 낚시를 하면서 기대했던 대상어, 4짜 감성돔 손맛도 보고 묵직한 숭어 손맛을 두 번이나 보았으니 오늘 낚시는 대만족이다. 서둘러 낚싯대를 접고 밑밥통과 낚시가방을 정리한 뒤 빠른 걸음으로 주차장에 와서 차에 오르자 8시 5분 전이다.

여느 때보다 빠르게 속도를 내어 집에 오자 8시 20분이 조금 지났다. 감성돔을 냉동고에 넣고, 바닷물에 젖은 낚싯대 가이드와 릴에 오일과 염분 중화제를 뿌려주고, 낚싯대와 가방, 옷가지 등을 대충 정리한 뒤, 샤워하고 사무실에 출근하니 아홉 시 20분 전이다. 다행히 평소 출근 시간보다 10여 분밖에 늦지 않았다. 날씨와 물때가 좋아서 주말 아닌 주중 꼭두새벽에 두어 시간 숏타임 낚시를 했다.

♣ 낚시하러 가기 가장 좋은 때는

당신이 떠날 수 있는 때입니다.

-로버트 후버-

은퇴한 후

은퇴 후 아카시아 꽃이 피는 5월이 오기를 손꼽아 기다리고 있다. 가슴 설레는 낚시 여행을 다닐 수 있기 때문이다.

낚시하러 가는 날은 새벽 3시 무렵에 기상한다. 꼭두새벽에 일어나서 간단하게 요기를 하고 낚싯대와 릴, 뜰채, 찌 등 출조(出釣) 준비를 하고 나면 3시 반이 조금 넘는다. 곧바로 낚시가방을 둘러메고 아파트를 나와서 20여 분 자동차를 타고 낚시터에 도착하면 4시, 어느덧 여명이 밝아온다.

어슴푸레한 새벽, 설레는 마음으로 낚시채비를 하고, 한적한 갯바위에서 느긋하게 낚싯대를 드리운 다음 세상사 근심 걱정 모두 잊고 대상어(對象魚) 입질이 오기를 기다리며 느릿느릿 흘러가는 찌를 바라보고 있으면 세상 부러울 게 없다.

네댓 시간 가슴 설레는 낚시를 마치고 운 좋게 선망하는 감성돔이나 바늘털이 농어, 손님 고기 광어 등 조과물(釣果物)이 있으면 인증 사진을 찍고, 집에 오면 샤워를 하고 허기진 배를 달랜 다음 바닷물에 젖은 낚싯대와 릴, 뜰채, 낚시신발, 밑밥통 등을 닦는다.

낚시 장비 세척이 끝나면 느긋하게 모닝커피를 마시며 출조일지(出釣日誌)와 조행기(釣行記)를 쓰고, 인터넷 낚시 사이트와 페이스북, 카카오톡 등 SNS에 사진과 조황(釣況) 글을 올린다. 이어서 낚싯대와 릴과 뜰채, 찌 등 이튿날 출조 준비를 하면 하루가 지나간다.

-자전 에세이『행복한 백수』중에서-

♣ 낚시는 일상 도피를 위해 하는 것이 아니다.
그 속에서 더 깊이 빠져들기 위해 하는 것이다.

-해리 미들턴-

입질이 없네요?

한창 낚시에 빠져 있던 초보 때였다. 햇살이 따사롭던 어느 늦가을 오전 무렵, 사람들의 왕래가 빈번한 사무실 365 자동화 코너 앞 인도(人道) 한쪽에 옷차림이 헙수룩한 노점상이 조그만 좌판에 장지갑과 가죽벨트, 선글라스, 목걸이, 브로치와 팔찌, 머리핀과 머리끈 등 액세서리를 늘어놓고 팔고 있었다.

160cm가 약간 넘을 것 같은 작달막한 키에 몸집은 약간 통통하고 나이는 서른예닐곱 살쯤 되었을까? 짧게 깎은 스포츠형 머리에 각지고 까무잡잡한 얼굴이 어디선가 본 것 같은 낯이 익은 모습이었다. 그런데 어디서 본 얼굴인지 생각이 나질 않았다. "어디에서 보았더라?" 한참을 생각한 끝에 드디어 기억해 냈다.

지난해 초가을 무렵이었다. 가랑비가 오락가락하는 어느 주말 아침 냉각수(冷却水)가 나오는 ○○발전소 배수구 옆 테트라포드로 낚시하러 갔었다. 동백정(冬栢亭) 주차장 울타리를 넘어 배수구 옆 테트라포드에 가자 언제 왔는지 짧은 스포츠형 머리에 나이를 가늠할 수 없는 통통한 낚시꾼이 배수구에서 삼치 루어낚시를 하고 있었다.

포인트에 들어가기 전 루어 낚시꾼에게 다가가서 "안녕하세요!" 인사를 건넨 후 "손맛은 보셨습니까?" 물어본 다음 잠시 이런저런 얘기를 나눈 뒤 옆에 있는 가방 안을 살펴보자 언제 잡았는지 40cm 넘는 씨알 준수한 삼치가 예닐곱 마리 넘게 있었다.

사무실 앞 노상(路上)에서 생각지도 못한 같은 낚시꾼을 만나자 내심 반가웠다. 반가운 마음에 좌판 주인에게 다가가서 큰 소리로 "안녕하세요?" 인사를 한 뒤 웃으면서 "물건은 많이 파셨습니까?" 묻자 좌판 주인이 난데없이 "아직 입질이 없네요!"라고 말했다. 순간 장지갑과 가죽 벨트, 머리핀 등 액세서리를 팔고 있는 좌판에서 무슨 입질을 하지? 의아해했는데 잠시 후 미소가 절로 나왔다.

민물낚시든 바다낚시든 낚시꾼들은 낚시터에 가면 먼저 와서 낚시하고 있는 다른 낚시꾼에게 인사 겸 흔히 하는 말로 "안녕하세요? 사장님, 손

맛은 보셨습니까?" 또는 "입질은 합니까?"라고 조황(釣況) 등을 묻곤 한다. 먼저 온 낚시꾼이 별다른 조황이나 대상어 입질이 없으면 "아직 입질(물고기가 미끼를 건드리거나 먹는 일)이 없네요."라고 대답을 하곤 했다.

천생 낚시꾼이었던 좌판 주인도 "장지갑과 가죽 벨트, 브로치 등을 사려고 물건을 보거나 이것저것 가격을 묻고 흥정하는 손님이 아직 없네요."라는 말을 낚시터에서 낚시꾼들이 인사말로 흔히 주고받는 "아직 입질이 없네요."라고 우스갯말로 대답한 것이었다.

낚시꾼들이 사용하는 낚시 용어 중에 다른 의미로 사용하는 용어들이 있다. 예로 '낚시'와 '밑밥', '미끼', '입질', '낚다'와 '낚이다', '보이스 피싱', '스미싱' 등이다.

낚시꾼들이 아닌 일반인들이 얘기하는 '낚시'는 남을 꾀는 수단을 비유적으로 이르는 말이다. '밑밥'은 누군가를 속이기 위해서 미리 준비하는 것을 말하고, '미끼'는 사람을 꾀기 위한 물건이나 수단을 의미한다. 또 '입질'은 주식이나 물건들을 사는 것을 말하고 '낚이다'는 어떤 사람이 다른 사람의 교활한 말이나 행동에 현혹되어 따르는 것을 의미한다. '낚다'는 어떤 사람이 교활한 수단이나 방법으로 다른 사람을 현혹하여 따르게 하거나 명예, 이익 따위를 제 것으로 하는 것을 말한다.

이밖에 보이스(voice) 피싱(fishing)은 전화를 통해 불법적으로 개인 정보(주민등록 번호, 신용 카드 번호, 은행 계좌 번호 등)를 빼내서 범죄에 사용하는 신종 전화 사기 수법으로 음성(voice)과 개인 정보(private data), 낚시(fishing)를 합성한 신조어를 말하고, SMS(문자메시지) + fishing(낚시)이

합쳐진 스미싱은 문자메시지를 통해 개인 정보를 탈취하는 사기 수법의 하나다.

또 인터넷상에서 누리꾼들의 주목을 끌만 한 문구나 자료들을 앞세워 유인하여 전혀 관련이 없거나 유해 한 내용 들을 보여주며 엉뚱한 페이지로 링크를 유도하는 것, 거짓 정보로 누리꾼들을 속이는 것, 단순히 재미를 위해 사람들의 시선을 끄는 것 모두를 '낚시'라고 말한다.

♣ 인생의 의미는
짜릿한 입질을 느낄 때 더 잘 이해되는 법이다.

-폴 퀸네트-

낚시꾼과 공짜 물고기

　어슴푸레한 새벽 3~4시쯤 20km 정도 떨어진 ○○항 어판장에서 낚시꾼한테 공짜로 5짜 감성돔이나 6짜 광어와 참돔, 7짜 농어를 가져가라고 한다면 다녀올까? 아마 모르긴 해도 꼭두새벽에 어판장으로 공짜 물고기를 얻으러 선뜻 나서는 낚시꾼은 없을 것이다.

　하지만 낚시꾼들은 아무리 이른 새벽이라도 감성돔이나 참돔, 농어 낚시 출조(出釣)를 한다면 20km, 아니 200km 떨어진 갯바위라도 흔쾌히 나설 것이다. 대상어(對象魚)를 만날 수 있는 확률이 40~50%밖에 되지 않더라도 즐거이 자기 돈을 써가면서 룰루랄라~~♪♬ 콧노래를 흥얼거리며 낚시하러 갈 것이다.

♣ 낚시야말로 유쾌한 인생의 은유다.

-폴 퀴네트-

구조오작위(九釣五作慰)

(이외수/『내 잠 속에 비 내리는데』 중에서)

낚시에는 구조오작위(九釣五作慰)의 등급이 있다.

조졸(釣卒), 조사(釣肆), 조마(釣麻), 조상(釣孀), 조포(釣怖), 조차(釣且), 조궁(釣窮)을 거쳐 남작(藍作), 자작(慈作), 백작(百作), 후작(厚作), 공작(空作), 그리고 조성(釣聖)과 조선(釣仙)에 이르는 것이 이른바 구조오작위다.

즉, 조졸, 조사, 조마, 조상, 조포, 조차, 조궁, 조성, 조선이 구조이고 남작, 자작, 백작, 후작, 공작이 오작위에 속하는 것이다.

-구조오작위(낚시 14단계)

1. 조졸

초보자를 일컫는 말로 마음가짐이나 행동거지가 아직 치졸함을 벗어나지 못한 단계다. 기술적인 면에서도 '빵'점이다.

낚싯대를 들고 고기만 잡으면 무조건 낚시꾼인 줄 아는 것도 바로 이 부류에 속한다. 고기를 잡을 수만 있다면 다른 사람에게 방해되건 말건 수단과 방법을 가리지 않는다. 한 마리도 잡히지 않으면 신경질이 나서 낚시질을 때려치우고 술부터 찾는다. 그리고 술에 취하면 분이 풀려서 고성방가를 시작한다.

이 단계에서 가장 낚싯줄이 많이 엉키거나 바늘이 옷에 걸리거나 초릿대 끝이 망가져 버리는 수가 많은데, 마음가짐에 따라 낚싯대나 낚싯줄이 움직이게 되는 것이지 동작 여하에 따라 움직이는 것이 아니라는 사실을 아직 모르기 때문이다.

마음이 흐트러지면 반드시 낚싯대나 낚싯줄도 제멋대로 움직이기 마련이다. 그러나 몇 번 낚시질을 다니고 그러다가 재미가 붙기 시작해서 몇 번 좋은 조과를 거두거나, 대어라도 두어 마리 낚게 되면 차츰 사람이 날라지기 시작한다.

장비도 제대로 갖추게 되고, 기술적인 면에 대해서도 제법 신경을 쓰게 될 뿐만 아니라 공연히 목에 힘이 들어가기 시작한다. 그리고 자신을 대단히 고상하고 낭만적인 존재로 착각하기 시작한다.

2. 조사

조사(釣師) 아닌 방자할 사(肆)자가 붙는 단계.

낚시에 대해서라면 모르는 것이 없다는 듯 어디서든 낚시 얘기만 나오면 열을 올리기 시작한다. '입질이 온다.'라고 말해도 될 것을 '반드시 어신이 온다.'라고 말하고 '고기가 제대로 잡히지 않는다.'라고 말해도 될 것을 반드시 '조황이 별로 좋지 않다.'라고 말하는 단계도 바로 이 단계이며, 능수능란하게 거짓말을 하기 시작하는 것도 바로 이 단계이다. 하지만 옆에 앉은 사람이 자기가 잡은 것보다 큰 놈을 올리거나 수확이 잦을 경우는 대번에 의기소침해져 버리는 것도 바로 이 단계다.

3. 조마

눈을 떠도 눈을 감아도 어디서든 찌가 보여서 일이 제대로 손에 잡히지 않는다.
일주일에 한 번 정도라도 낚시질을 가지 않으면 몸살이 날 지경이다. 토요일이나 일요일이나 연휴 때에 친구가 결혼하면 정강이라도 한 대 걷어차 버리고 싶을 정도다. 물론 적당한 구실을 붙여, 되도록 식장에 참석하지 않고 낚시하러 간다. 더러는 결근도 불사한다.

4. 조상

과부상. 드디어 아내는 주말 과부=필수, 주중 과부=선택이 된다.
직장생활이 제대로 될 리 만무, 집에 쌀이 있는지, 자식이 대학에 붙었는지, 아내가 이혼소송을 했는지 어쨌는지.

5. 조포

공포를 느끼고 절제를 시작한다.

낚시가 인생을 망칠지 모른다는 생각에 낚싯대를 접어둔다. 아내와 자식들은 '돌아온 아빠'를 기쁨 반, 우려 반으로 반긴다.

6. 조차
다시 낚시를 시작하는 단계. 행동도 마음가짐도 무르익어 있다.
고기가 잡히건 잡히지 않건 상관하지 않는다. 낚싯대를 드리워 놓기만 하면 고기보다 세월이 먼저 와서 낚싯바늘에 닿아 있다. 그러나 아직 낚을 수는 없는 단계. 고기는 방생해 줄 수도 있지만 자신은 방생해 주지 못하는 단계.

7. 조궁
다할 궁(窮), 낚시를 통해서 도를 닦을 수 있는 수준의 단계.
낚시를 통해 삶의 진리를 하나둘 깨닫기 시작한다. 초보 낚시꾼의 때를 완전히 벗어 버리는 것도 이때.

8. 넘작
인생을 담고 세월을 품는 넉넉한 바구니가 가슴에 있다.
펼쳐진 자연 앞에 한없는 겸허함을 느낀다. 술을 즐기되 취하지 않으며 사람과 쉽게 친하되 경망해지지 않는다.

9. 자작

마음에 자비의 싹이 튼다.

거짓 없는 자연과 한 몸이 된다. 잡은 고기를 방생하면서 자기 자신까지 방생할 수 있다. 욕심이 사라지고 인생의 희로애락이 낚싯대를 타고 전해 온다.

10. 백작

마음 안에 백 사람의 어른을 만든다.

아직도 참으로 배울 것이 많으니, 인생의 지혜를 하나하나 깨우치는 기쁨에 세월의 흐름을 알지 못한다. 자연도 세월도 한 몸이 된다.

11. 후작

마음 안에 두터운 믿음을 만드는 단계.

낚시의 도는 깊이가 상당한 수준에 이르지만, 지혜를 가벼이 드러내지 않으며 몸가짐 하나에도 연륜과 무게가 엿보인다.

12. 공작

모든 것을 다 비우는 무아의 지경

이쯤 되면 이미 입신의 경지에 거의 도달한 상태. 지나온 낚시 인생을 무심한 미소로 돌아보며 신선이 되는 때를 기다린다.

13. 조선

수많은 낚시의 희로애락을 겪은 후에 드디어 입신의 경지에 이르니, 이는 도인이나 신선이 됨을 뜻한다.

낚싯대를 드리우면 어느 곳이나 무릉도원이요, 낚싯대를 걷으면 어느 곳이나 삶의 안식처가 된다.

14. 조성

낚시와 자연이 엮어내는 기본원리는 터득하고 그 순결함에 즐거워한다. 간혹 낚시할 때에는 양팔 길이의 대나무에 두꺼운 무명 줄을 감아 마당 수챗구멍 근처에서 파낸 몇 마리 지렁이를 들고 집 앞의 개울로 즐거이 나간다.

♣ "따분한 기다림에도 지치는 일이 없다는 점에서 낚시에는 절망이 없다. 비록 오늘 꽝을 했어도 내일이 있고, 언젠가는 빨래판 크기만 한 감성돔 입질이 오리라는 기대를 끝내 버리지 않는 점에서 낚시는 '희망의 예술'이라 할 수 있다.

운경월조(雲耕月釣)

구름을 헤치고 달을 낚는다.

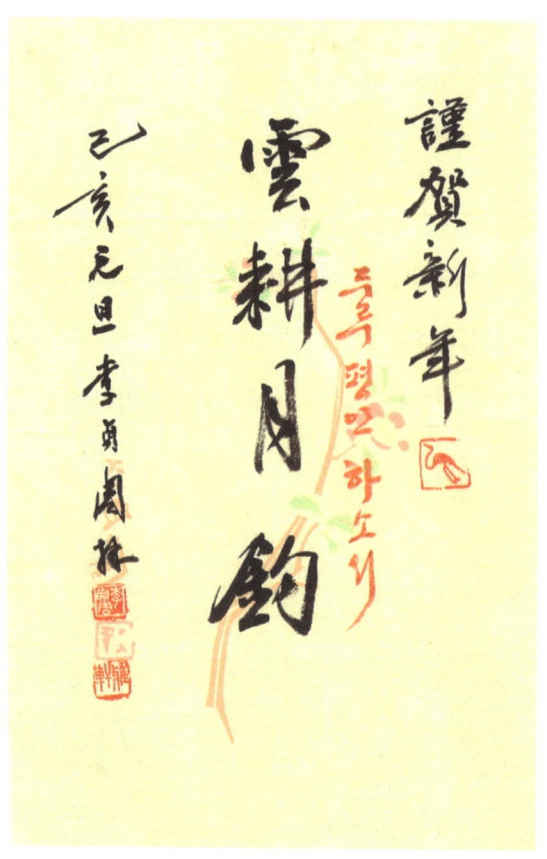

♣ 어슴푸레한 새벽, 한적한 갯바위에 느긋하게 앉아서 낚싯대를 드리우고 느릿느릿 흘러가고 있는 찌를 바라보고 있으면 무릉도원이 따로 없다. 세상사 근심 걱정 모두 잊고 언제 올지 모를 입질을 기다리는 그 행복감이란 그야말로 며느리도 모른다. 직접 느껴본 사람만이 그 기분을 알 수 있다.

용어 해설

가이드: 릴에서 방출된 라인이 낚싯대와 일치되도록 연결해주는 원형 링에 목이 긴 부품.

간출여: 바닷물이 빠지면 드러나는 바위.

기벽(奇癖): 남과는 두드러지게 다른 기이한 버릇.

니퍼: 철선 등을 절단하는 공구로 낚싯바늘을 빼내는 데 사용한다.

대상어: 낚고자 하는 물고기.

들물(밀물): 간조에서 들물이 진행되면 만조까지 6시간 정도 걸린다. 들물이 진행되는 6시간을 2시간 단위로 삼분해서 들물이 시작되는 초반 2시간을 초들물, 이후 2시간은 중들물, 중들물 이후 만조까지 2시간을 끝들물이라 한다.

랜딩: 물고기를 낚아 땅까지 끌어내는 것.

로드: 낚싯대.

릴링: 낚싯줄을 감아 들이는 동작.

루어: 인조 미끼.

물골: 밀물과 썰물의 흐름이 세찬 곳.

맥낚시: 찌를 쓰지 않고 낚싯대나 낚싯줄을 통하여 전해오는 느낌으로 하는 낚시.

메탈지그: 스테인리스 혹은 크롬으로 도금된 금속판에 트러블 훅을 달아 사용하는 루어.

물돌이: 만조나 간조를 전후해서 들물이나 날물이 서로 바뀌는 현상.

물때: 하루에 두 번 조수(潮水)가 들고 나가는 때.

미노우: 가짜 물고기 모양의 루어.

민장대: 가이드가 없는 낚싯대, 릴을 부착하지 않고 초릿대에 낚싯대 길이만큼 원줄을 묶어서 사용한다.

밑걸림(바닥 걸림): 바늘 혹은 봉돌이 암초나 해초에 걸려서 꼼짝 못 하게 되는 상황.

바이브레이션: 물속에서 진동하는 루어.

본류(本流): 원 물줄기.

봉돌: 낚싯바늘이 물속에 가라앉도록 낚싯줄의 끝에 매다는 작은 납덩이나 돌덩이.

사짜(4짜): 40cm 이상 49cm까지의 물고기.

손님 고기: 대상어가 아닌 물고기.

쇼크리더: 목줄, 루어낚시에 주로 사용하는 목줄을 말한다.

수중여: 물속에 잠겨 보이지 않는 바위.

스쿼트: 앉았다 일어났다 하는 하체 운동.

스푼 루어: 금색 또는 은색의 금속 루어.

스풀: 릴에 낚싯줄이 감긴 부분.

스피닝 릴: 릴 찌낚시 할 때 가장 많이 사용하는 릴로 트랙 릴과 브레이크 릴로 나뉜다.

싱킹: 바닥으로 가라앉는 루어.

썰물(날물): 만조에서 간조까지 역시 6시간 정도 걸린다. 만조 후 썰물이 진행되는 초반 2시간은 초썰물, 이후 2시간은 중썰물, 중썰물 이후 간조까지 2시간은 끝썰물이라 한다. 바다낚시에서 간조와 만조, 물돌이와 초들물, 초썰물은 중요한 타임이다.

어신(魚信): 낚시에서, 물고기가 미끼를 건드리며 입질할 때 찌, 낚싯줄, 낚싯대에 일어나는 변화나 손에 전해지는 감촉.

에기: 주꾸미나 갑오징어 낚시에 사용하는 새우 모형의 루어.

여: 물속에 잠겨있는 바위(암초).

웜: 지렁이 또는 지렁이 형상을 한 소프트 플라스틱 루어.

오짜(5짜): 50cm 이상 59cm까지의 물고기, 주로 감성돔을 말한다.

육짜(6짜): 60cm 이상 69cm까지의 물고기.

장불: 바닷가에 있는 넓은 모래밭.

조락(지게): 충남 서해안, 서천 비인 등지에서 해산물을 지고 나르는 지게.

조류(潮流): 밀물과 썰물 때문에 일어나는 바닷물의 흐름.

조수(潮水): 해와 달, 특히 달의 인력에 의하여 주기적으로 바다 면의 높이가 높아졌다가 낮아졌다 하는 현상.

조황(釣況): 낚시가 잘 되고 안 되는 상황.

물때: 바늘귀 부분에 납이나 금속을 붙여 만든 것으로 웜을 끼워 사용한다.

지류(支流): 본류(本流)에서 갈려 나온 물줄기.

초릿대: 낚싯대의 가장 끝대. 매우 약하기 때문에 잘 부러진다.

출조(出釣): 낚시를 하러 나섬.

칸: 민장대에서 사용되는 한 칸은 6척, 즉 1.8m를 나타낸다.

캐스팅: 낚싯대를 이용하여 루어를 던지는 것 또는 낚싯줄을 던지기(던지는 방법).

캡라이트: 모자에 부착하는 라이트.

케미 라이트: 빛을 내는 발광 물질, 야간 낚시할 때 사용한다.

태클: 낚싯대, 릴, 루어 소품 등 낚시 도구들의 총칭.

텐션: 긴장감, 팽팽함, 장력의 뜻으로 낚싯줄이 팽팽하게 하는 것.

테트라포드: 파도나 해일을 막기 위해 설치하는 4개의 발이 나와 있는 대형 콘크리트 구조물.

트레블 훅: 삼발이 바늘.

트위칭: 낚싯대를 아래나 옆으로 톡톡 쳐주는 액션 방법.

파이팅: 물고기와 힘겨루기.

포인트: 고기가 있을 만한 곳 또는 고기가 모여 있는 지점.

펌핑: 챔질 후 릴링 시 릴이 감기지 않는 때 대를 앞으로 숙여 낚싯대의 힘이 원줄에 직접 전달되게 들어올려 감는 방법을 반복하는 행동.

풀치: 삼지(三脂) 이하 두지[二脂] 반 안팎 되는 작은 갈치.

플라이어: 물고기 입에서 바늘을 뺄 때 사용하는 작업용 공구의 하나.

플로팅: 물에 뜨는(떠오르는) 루어.

피딩 타임: 동틀 무렵 혹은 해 질 무렵의 대상어들이 작은 물고기를 잡아먹는 시간.

피트: 길이를 나타내는 말, 1피트 30.48cm.

호핑: 낚싯대를 위로 살짝 들어주어 토끼 뜀을 뛰는 듯한 액션을 연출하는 것.

홈통: U자 모양으로 안쪽으로 들어간 형태의 갯바위.

후레임: 뜰망 틀.

훅킹: 낚싯바늘을 물고기에 꽂히게 하는 동작.

히트: 대상어가 루어를 공격하여 바늘에 걸리는 것.